皇室の茶坊主

下級役人がみた
明治・大正の「宮廷」

小川金男［著］
河西秀哉［監修］

創元社

本書は昭和二十六年に日本出版協同株式会社から『宮廷』として刊行されたものをもとに、令和五年一月二十六日に著作権法第六十七条第一項の裁定を受けて制作しました。改題の上、読みやすさを考え一部表記を改めました。文中に今日からみれば一部不適切と思われる表現がありますが、時代背景を鑑みそのままといたします。

著者のことば

私の父、佐之次は三石《みついし》※の城主宮部善十坊の家から、岡山池田藩の家臣小川家へ養子に入ったものである。父は郷里では小学校の訓導をしていたが、私が五、六才の時一家をあげて上京した。

父は武家の出であったために、子供の躾《しつけ》には厳格であった。後年私が仕人《つこうど》になって、下積みの、しかも実質的には苦労の多い生活に耐え得たのも、この子供の頃の父の躾に負うところが多い。私は中学三年まで学んだが、病気のため止めて、しばらく宮内省御料局《ごりょうきょく》※（新宿御苑の前身）の園芸塾に通った。その後鉄道学校に入学し、そこを卒業すると九州鉄道に入った。しかし、三年ほどして休暇で帰京した際、家の事情のため宮内次官花房義質《はなぶさよしもと》※氏の紹介で、改めて宮内省に入り、仕人となったのである。明治四十一年であった。

その時には四年間という約束であったが、その後明治陛下の崩御に遭い、大正天皇の御代となってからは、両陛下の行幸啓に供奉《ぐぶ》してあちこちに行き、多忙に

三石
現在の岡山県備前市。

宮内省御料局
一八八五年設置。皇室財産の管理などを行った。一九〇八年に帝室林野管理局、一九二四年に帝室林野局に改称した。

花房義質
岡山藩出身、外交官や農商務次官、帝室会計審査局長などを経て宮内次官。

追われているうちに、自然退職の時機を失《しっ》してしまい、若い頃の夢や抱負も宮中にささげて、とうとう二十五年間も大奥に仕えたのである。

仕人という役目は本文をお読みになればわかるが、私はしかし役目は役目とし、自己は自己として、宮中のことを比較的冷静に、正確に見てきたつもりである。ところが終戦後、言論の自由の蔭《かげ》にかくれて、皇室に関するいかがわしい文章が雨後の筍《たけのこ》のように出て世間に広く読まれ、かつ信ぜられているようなむきがあるのを知り、私自身一種の感慨を懐《いだ》くに至った。私は静かに過去の記憶をたぐり寄せ、事実であると確信のつくもののみを選んで書いてみることにした。もっとも見解の相違とか、噂に過ぎぬ場合もあるが、それはそういう事柄が、大内山※の奥深くに何かしら関係があって、それはそれなりにある歴史的な価値をもつと考えられる噂だけに限った。

また、皇室の民主化ということも言われているが、皇室について何事も知らなければ、今日の御模様が以前に比べてどれほど民主化されたのか、またその民主化がどれほど困難なものであったのか、ということなどについても、明白には理解することができないであろう。

大内山
皇居のこと。

幸い本書が国民の皇室理解に幾分《いくぶん》でも参考になれば、筆者として望外の幸せである。

なお、眼の不自由な筆者に代わって、熟知の引田春海※君が本文を草してくれた。付記してここに厚い謝意を表する。

昭和二十六年六月

小川金男　識

引田春海　一九一四年鳥取県生まれ。戦前に北京を中心とする日本人文学結社「燕京文学会」に参画。

皇室の茶坊主

下級役人がみた明治・大正の「宮廷」

目次

第三部　皇室・皇族の御生活

第四部　禁裡習俗《きんりしゅうぞく》

第五部 皇室御三代

第六部 三代禁裡《きんり》秘話

明治天皇

昭憲皇太后

大正天皇

大正天皇

同　幼少時代

明治四十三年（1910）日韓併合の際、皇太子渡韓記念

明治三十三年（1900）東宮妃として成婚当時の貞明皇后

九条道孝の第四女としての幼少時代

昭和二十五年(1950)神宮外苑プールで行われた全日本水上選手権大会を観覧中の貞明皇后と高松宮妃

同年の五月、孝宮の結婚式に臨んだ貞明皇后

庭前で休息中の昭和天皇、香淳皇后

研究に余念のない昭和天皇

紅葉山養蚕所で熱心に飼育する香淳皇后

車寄。皇居の大玄関。天皇の行幸はもちろんのこと、国賓並びに国書捧呈のため参内する外国使臣の出入りは、必ずここからされた。また朝賀(ちょうが)を初め四大節に際して、多数の高官が参内する時には、とくにこの車寄から出入りするのをゆるされていた

同階上広間。この広間の左右に、各宮殿に通ずる廊下がある

正殿。表宮殿の中央に南面し、豊明殿とは庭ひとつへだてた御殿で、即位式、軍旗授与式、憲法発布式そのほか様々な儀式に用いられた

南溜(みなみだまり)。東車寄の左右、即ちその南と北の両方に溜の間がある。平素は拝謁後に茶菓をいただく時使用された。ストーブの上には巨大な大鏡があり、その左右に大花瓶が置かれてあった

鳳凰（ほうおう）の間。勲章の親授式、読書始、歌会始などこの間で行われた。四壁には金砂子、金泥引の上に、金泥をもって鳳凰が羽を広げて飛翔せるさまが、雄麗に描いてあった

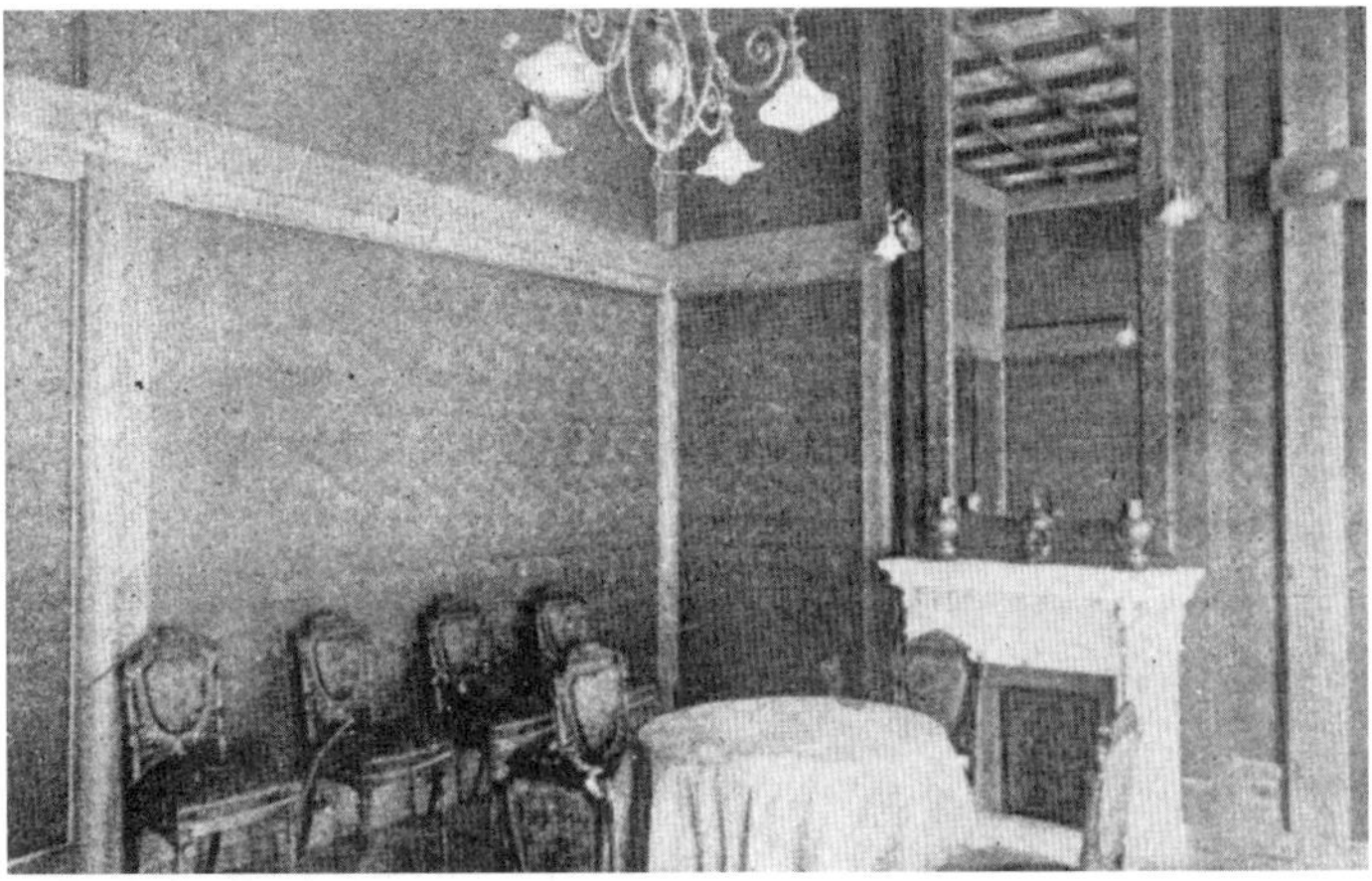

葡萄（ぶどう）の間。主として皇族の控所として使用されたが、また儀式の際、東宮が正殿にお出ましの時の、休所にも充てられた

千草の間。豊明殿の西の一棟の中にあり、豊明殿で賜宴のあった時、食後の談話室に充てられた

東溜。天皇出御の下に、ここで枢密院会議が開かれた。東の壁には巨大なつづれ錦の額がかかっていた

豊明殿玉座。三大節および陪食の場合にのみ使用された。一段高いところが玉座

豊明殿。宮殿中最も広大な御殿で、殿内の調度は正殿にくらべて一層雄麗荘美を極めている。三大節の賜宴または国賓、内外の臣僚に陪食を賜る際には、必ずここで行われた

西溜。葡萄の間の北にあり、拝謁者が多い場合休憩所となった。西壁の富士の巻狩を描いた大きな額はつづれの錦とフランスのゴブランを折衷した精巧な西陣織であった

豊明殿（ほうめいでん）前庭。噴泉をへだてた大殿閣が豊明殿である。三大節の折には、ここで舞楽などが催された

西一の間

西二の間。日清戦争の前、明治天皇が西一の間に出御され、西二の間で御前会議が開かれた。山本権兵衛が伊藤博文や陸奥宗光を向こうにまわして、開戦論をとなえた部屋

生物学研究所。吹上御苑の一隅にあり、現代式の至って質素な平家建。建坪百坪内外で、昭和三年(1928)の夏竣工した

紅葉山養蚕所。木造二階建の瓦葺で、建坪は百三十六坪。階下を飼養室に、階上を上簇室(じょうぞくしつ)に充てられている

東車寄。天機奉伺（てんきほうし）をはじめ、任官、叙位、叙勲（じょくん）の御礼言上のため、主として臣下の者が出入りする車寄である

北車寄。車寄と同一の結構で、皇后宮御殿の西北方にある。皇后行啓の際の出入口

第一部　仕人《つこうど》

仕人となる

いよいよ私は仕人になることになったのであるが、私が宮内省に入るのはこれが最初ではない。その前に私は宮内省の御料局に入っていたことがある。御料局というのは今の新宿御苑の前身で、当時は植物園のようなものだった。ここで初めて、その頃では珍しかった外国種の草花なども栽培され、それらの草花は宮中の御用にあてられていた。私はこの御料局の園芸塾の生徒になったわけであったが、ときどき宮内省に御用の草花などを持って出入りしていたのである。

　そういうわけで私は、宮内省に入って仕人になることになっても、世間一般の人のような特殊な畏敬《いけい》の感じをもつこともなかった。しかし、その朝、内匠頭《たくみのかみ》※小笠原武英《たけひで》※さんから次のような訓辞を与えられると、やはりほんとうに陛下の御身近くにきたという感じがして、一瞬緊張した感動を覚えたものである。それは、「仕人は、階級は低いが、役柄はまことに重大である。服装には十分気をつけて、他官庁の模範となるよう。みだりに宮中のことを外部に話してはいけない。

内匠頭
内匠寮は宮殿その他の建築物の保管、建築・土木・電気・庭苑および園芸に関する事務を担当する宮内省の部局で、内匠頭はその長官。

小笠原武英
長門清末藩出身。明治期の宮内官僚。

もし下宿などするような場合があれば、なるべく人目につかない閑静な場所を選ぶよう。」

といったようなものに記憶しているが、当時明治陛下への国民の感情は大変なもので、まるで生神様というように見ていたのであるから、私がその時どのような気持ちになったかは、想像ができようというものである。

ところで、私が初めて仕人の詰所《つめしょ》に入った時には、一寸《ちょっと》意外な感に打たれた。

仕人の詰所といっても特別なものではなく、内匠寮《たくみりょう》の中の普通の洋間で、官庁の事務所とたいして変わりがなかったが、その十畳ばかりの部屋の中に事務机があって、そこで属官《ぞっかん》※が事務をとっている。そして部屋のあちこちに群がって仕人たちが話をしている。ちょうど大きな官庁とか会社とかの小使部屋といった感じであるが、変わっているのはその仕人がいずれも金ボタンのついた黒ラシャのフロック・コート※を着て、紐《ひも》のない黒の短靴をはいていたことである。このフロック・コートのことを普通「仕人マンテル」と呼んでいるが、そのいかめしい立派な服装をしている仕人たちが、何やら話をしているのを聞くと、それが、どうも「べらんめえ」口調なのである。私はいわば一寸緊張していた時でもあり、

属官
明治の官制で、各省などの官庁の職員の一つ。上官の指揮を受けて庶務に従事。

フロック・コート
十九世紀中頃から二十世紀初頭にかけて使用された昼間の男性用礼装。

仕人という身分や職務に何か特別な厳粛なものを感じていた時でもあったので、「ほほう！」といった一種呆然とした気持ちになった。そういう気持ちで部屋の中を見回していると、部屋の中央の壁につけられてある西洋式の暖炉《カーヘル》を囲んで話している人たちが目にとまった。その中の一人は、やにわに手の平で鼻の下をこすりあげるようにすると、

「だってお前《め》ぇ、そりゃ仕様がねぇじゃあねぇか！」

と表情たっぷりに言い放ったので、私はがっかりしたような、自尊心を傷つけられたような妙な気がしたものである。ところですぐ後でわかったのであるが、その鼻の下をこすった男が、当時、仕人の取り締まりをやっていた小林伴という人であった。

当時の仕人たちがどうして「べらんめえ」口調で話していたかというと、一つには宮中という一般社会から隔絶した特別な雰囲気に生活していて、お互いが似た様な階級の出身であるから、そんな言葉も別に変に感じられなかったのであろう。彼らの多くは、地方の勤王藩の江戸詰の藩士たちであって、ここにも当時の政治勢力であった薩・長の流れがあり、仕人の中では長州のものがなかなか幅を

きかせていた。

　私は仕人マンテルを支給されると、隣の部屋に案内されて、そこの一段高くしてある畳の間と床との間を利用して造られてある簞笥《たんす》の一つをあてがわれた。この簞笥には仕人たち銘々の名前が貼りつけてあって、この中には支給された服やその他日用品を入れておくのである。その他に私は敷布団一枚、毛布五枚を支給された。これは当番の日にこの寝室で寝るためのものである。

　さて、私は早速仕人マンテルに着替えて、短靴をはくと、事務をとっている属官の前へ行って、その日の仕事を割りあててもらったのである。宮中の奥深く歩くのは初めてのことであるから、なんとなく心許ない。その日は先輩の仕人のお供をして、廊下や各部屋に設けてある暖炉に火をたくために、薪《まき》をバケツに入れてついて行ったが、長い廊下はほの暗く、人気もなく、静まり返っている。部屋も廊下も堅い木のモザイクで、歩き馴れないものにとっては一寸でも油断すると滑ってころびそうになる。私は爪先で音のしないように、滑らないように、戦々《せんせん》兢々《きょうきょう》としながら先輩が悠々と体の調子をとりながら歩いてゆくのに従った。この日以来、私の歩く様子は普通の人とは違った。仕人だけが身につける一種特別な、ふわふわしたような、それでいて安定感が保たれている歩き方になったのである。

仕人のつとめ

これから、いよいよ仕人である私は、世間では到底想像も及ばない宮中の生活に近づき、宮中ならでは起きえない出来事を見聞きすることになるのであるが、その前に一応仕人とはどんな役目をするものか、説明しておく必要があるであろう。

前にも書いたように、暖炉を燃やすのも仕人の仕事ではあるが、その他に年功やら体格やらその向き向きによって、仕人の仕事も変わり、複雑となるのである。毎日決まった仕事としては検番がある。これは御殿の各所に一定した場所があって、ここに一時間交替で立つのである。この検番の場所は、宮殿の入口や車寄せその他の大切な場所で、離宮などもそうだが、廊下の曲がり角には白木の柵があって、そこには必ず無地の金屏風が置いてある。陛下がお通りになる場合には、仕人は扉の内側にかくれてしまうので、もちろん陛下は仕人の姿を御覧になることはないし、仕人もまた絶対に陛下のお姿をお見かけするようなことはないのである。明治の時代は、私はまだ新参で、奥に接近する機会も少なく、直接明治陛下を目の前に拝したことはなかったが、検番に立って、度々陛下の足音だけは聞いた。陛下がお通りになる前には、普段とは違った特別な雰囲気を感じるものであるが、私達仕人はそれを敏感に嗅ぎ分けると、すぐ扉の裏にかくれてしまうのである。そして、じっとしゃがんでいると、やがて靴音と剣の打ちつける音とが聞こえてくる。その靴音は重々しく、ゆっくりと大股である。随行の侍従《じじゅう》長《ちょう》※などの靴音も聞こえるが、それは陛下の靴音を引き立てる伴奏のようなもので、私の耳に入るのは拍車の音の入りまじった陛下の靴音のみである。私はこんな時、何か威厳に打たれるような感じがして、誰も見ていないのにひとりでに頭を下げたものであった。この時の仕人の服装は白ネクタイの小礼服である。

この検番について、私は先輩の日並という仕人から面白い話を聞いた。それは芝離宮での話であるが、香川さん※が皇后宮大夫《だいぶ》※の頃であった。皇后陛下が芝離宮へお成りになって、香川さんの先導で廊下を渡ってゆかれたが、廊下の曲がり角

侍従長
侍従は天皇に付き従い、身の回りの世話などをする。侍従長はそれら侍従を統括する役職。

香川さん
香川敬三。水戸藩出身。宮内省で役職を歴任した。

皇后宮大夫
皇后宮職は宮内省内の皇后宮に関する事務をつかさどる部局。大夫はその長官。

にきた時、何を思われたか陛下がふと立ち止まられてしまった。そこで、これも何を思ったか知らないが、香川さんが、「仕人はどこにいるか？」と突然言った。そこにはもちろん金屏風があって、その裏に仕人がかくれていたのであるが、仕人は絶対に顔を出してはいけないことになっている。しかし現に目の前で呼ばれているのであるから、仕人は瞬間考えたが、つと立ち上がって陛下の前に顔を出してしまった。このことでその仕人は宮内省のある高官からひどく叱られた。ところが、それを聞いた香川さんは、「陛下は官制をごぞんじだ。検番というのは番をするのが役目である。その役目を果たさずかくれてしまうのは、一体どうしたことなのだ！」と逆にその高官をおさえつけたそうである。が、香川さんも皇后宮大夫に在職中そのことについて一向改められなかったところを見ると、恐らくそれはその時の香川さんの気持ちであって、単に香川さんの人柄をしのばせるに足るだけのものだったのであろう。

御常御殿《おつねごてん》※の御錠口《おじょうぐち》の不寝番《ふしんばん》もやはり仕人がやる。午後六時半から半夜交替であるが、この時には、呼鈴《よびりん》と笛とをもって控える。普通は三人である。

ついでに服装のことを少し述べてみよう。仕人の服装は、三宮※式部官長※が外国

御常御殿
天皇が日常の住まいとして使用した御殿。

三宮
三宮義胤。浄土真宗正源寺出身。外務省勤務などを経て、式部官長。

式部官長
式部職は儀式や交際に関する事務を執り行う部局。

に行って、向こうの服装を研究してきてから制定したもので、それには明治陛下までが直接御覧になって許可されたのだと聞いている。その時モデルになって明治陛下の前に立ったのが、今いった日並という仕人であった。仕人には小礼服と大礼服があるが、小礼服というのは普通の仕人マンテルの襟一面に金モールの菊の御紋章が縫いつけてあるだけである。大礼服というのは、詰襟に一つボタンの丈の短い上衣で、襟に金モールの菊の紋様が縫いつけてある。仕人の兼勤として御車寄《みくるまよせ》に立つ玄関番があるが、この玄関番の着る服にも小礼服と大礼服がある。小礼服というのはビロードのチョッキに半ズボン、上衣はフロック・コートである。大礼服は赤のビロードのチョッキに半ズボン、白の長い木綿の靴下をはくが、上衣は白ネルの裏のついた黒のラシャ地にほとんど地の見えないくらいに金モールの縫いつけてある華麗なもので、まるで金モールが立っているような感じを与える。この大礼服を着るのは三大節※とか、外国使臣の公式の参内《さんだい》の時で、玄関番になる仕人は役目柄体格のすぐれたものがなった。

三大節の参賀を受付けるのも仕人の仕事であるが、大礼服を着て御車寄にお帳を置いて控える。この時は全部の仕人が御車寄に出て、机の上に奉書を二つ折り

三大節
四方拝（一月一日）・紀元節（二月十一日）・天長節（十一月三日）の総称。

にして青い紐で綴じたものを何百冊と並べるのである。普段の時の御車寄の検番は、小礼服を着た古参の仕人があたり、両陛下用の洋綴《ようとじ》のお帳各一冊、外国使臣などのための両陛下用のもの各一冊、都合四冊を置いて控える。このお帳には、天皇陛下の場合には《天機奉伺《てんきほうし》》と書き、皇后陛下の場合には《奉伺御機嫌《ほうしごきげん》》と書いて、その下に位階勲等《いかいくんとう》と姓名を記入するのであるが、また叙位叙勲《じょいじょくん》のお礼もこれに記し、これをもって宮中へお礼に行ったというのである。このお帳は毎日侍従が陛下に御覧に入れるわけであるが、その時は必ず消毒することになっている。陛下は侍従を相手に食事をされながら、そのお帳を御覧になって、地方から出てきているものの中で、もし会ってみたいとお思いになるものがあれば、早速指示されるわけである。

仕人にはまた、非常の際陛下が御立ち退きになるというような場合には、扈《こ》従《しょう》の高等官を先導して安全な場所にお連れするというような特別な任務もある。その他、行幸啓の際のお手回り品の用意、お荷物の発送、便殿の設備、主馬寮《しゅめ》※車《しゃ》従《じゅう》の兼勤、大膳職《だいぜんしょく》の兼勤などのほか、陛下の御運動のお供、陛下の御交際上の使者など、いろいろ両陛下の御日常に関係することが多いのであるが、これらの

主馬寮
宮内省内で、馬車・馬具などの管理、馬の養育、牧場の経営などを行う部局。

ことはあまり一般に知られていないことでもあるので、私の経験と組み合わせて、別に述べてみたいと思う。

要するに、仕人というのは、他官庁には見られない特殊な存在で、これは思うに徳川時代の茶坊主、※中国の宦官《かんがん》のようなものである。事実明治の頃には、錦鶏《きんけい》間祗候《のましこう》※であった毛利公などは、仕人をつかまえて、「坊主、坊主」とよく失言したものであったという。

初めてお供した鴨猟《かもりょう》

一年二年とたつと、仕人の生活もさまで珍しいものではなくなって、いかに陛下のお側近くにお仕えしているという誇りをもっていたとしても、時には平凡と単調を感じていやになることさえある。古参の仕人ともなれば、まだいろいろと変化のある仕事もできるが、新参の私たちはそうはいかない。毎年晩秋から冬にかけて、宮中では度々鴨猟を催されて各界の人々を御招待になるが、その接待にお供するのも古参の仕人だけである。彼らは御猟場から土産の鴨をひっさげて

茶坊主
将軍や大名の近くで茶の湯の手配や給仕、来訪者の案内接待などの雑用を行う役職。

錦鶏間祗候
功労のあった華族などを優遇するため、明治期半ばに設けられた資格。名誉職。ただし、毛利元昭が任官したのはこれより一段高い麝香間祗候（じゃこうのましこう）である。

帰ってきて、その日の模様を面白そうに話す。いかにも変わった猟の仕方なので、私も一度お供してみたいとは思うもののそうはいかない。

ところが、たしか明治四十三年の秋だったと思うが、どういう風の吹きまわしか、新参の私に鴨猟の出張が命ぜられた。

その前日、私達仕人五名は、通常の仕人マンテルに大黒帽をかぶって、深川の高橋から小舟に乗って新浜についた。その晩は御猟場近くの茶屋に一泊、翌朝は早暁に起き出て猟場に行き、一切の準備を整えて一行の到着を待った。

深い霧にかくれていた湖面が、やがて朝の陽光にかがやきはじめると、岸辺に群がっていた鴨がそろそろ湖水に下りてきて餌を探しはじめる。あちこちで鴨の鳴き声が聞こえる。今年も相当鴨が集まっているという鷹匠《たかじょう》の話であった。

やがて八時を過ぎる頃になって、一行が到着した。その日は陛下はおいでにならず、閑院宮《かんいんのみや》様※が御名代で、陸軍の将軍連が招待されていた。軍服ではなく、みんな思い思いの服——その頃流行った、襟《えり》の詰まった新調の背広を着てきていたが、何分、平素は肩を怒らした軍人ばかりである。軍服でこそその恰好は保てるが、背広を着たのではどうにも可笑しい。それに猟場では音を禁じているので、

閑院宮様
閑院宮載仁親王。陸軍中将。

皆草鞋《わらじ》にはき替えさせられている。全くの土百姓といった感じで、最初は可笑しさをこらえるのに随分苦労したものであった。

到着の一行はひとまず御猟場に建てられた木造のバラックの中で休息、九時頃からいよいよ行動を起こした、といえばいかにも勇ましいが、それぞれ番号札と昆虫採集の時に使うような棒のついた網を渡されて忍び足で出かける。バラックの外は竹藪《たけやぶ》で、その竹藪を抜けてしばらくゆくと、もうそこが猟場である。広々とした湖水に面し、縦に長方形の堀割のようなものがこしらえてある。この堀割は、水門によって湖水とつづいている。奇妙な恰好をした一行が着いた時には、水門は開かれて、高く引き上げられていた。堀割の両側は土を高く盛り上げて土堤になっている。この土堤から水面までは相当深く、しかも、急角度の傾斜をなしている。気がつくと、土堤には一列に番号の書いてある標木が立ちならんでいる。一行はやがて、思い思いに自分の番号札と標木の番号とを見くらべながら、両側の土堤にあがっていった。この間、誰も無言である。すべて音を出さないように動作をするので、なんだか芝居のだんまりのようで、全体の雰囲気がなんとなく滑稽《こっけい》である。

一方堀割の水門と向き合った手前の一端は木の扉で、土堤と土堤との間をふさいでいる。その扉の隙間から堀割の中を覗くようにしているのは猟場監視で、猟場監視と土堤の上の人との間に仕人を通してしばらく連絡があった後、やがて合図とともに土堤の人たちが一斉に網を頭上高く振りかざすと、瞬間、あたりの静寂を破って鋭い音を立てて水門が閉ざされた。同時にバタバタバタバタと凄い羽ばたきがして、堀割の中から、無数の鴨が土堤沿いに飛び上がってきた。それからが大変である。土堤に並んでいた人たちが慌てて網を打ち下ろす。何分にもそれまでしゃべりたいのを我慢していたのだから、「ヤッ！　三羽入った！」、「俺は二羽だ！」、「しまった！　逃がした！」などと、軍人だけに声が大きい。ひとしきり賑やかな騒ぎがあって、これで招待された人たちの第一回の猟が終わったのであるが、うまく網を逃れて飛び上がった鴨に対しては、筒袖の着物にやはり草鞋ばきといういで立ちの鷹匠たちがサッと鷹を放つ。

つまりこの鴨猟は、鴨の習性をうまく利用したわけで、堀の中にはアヒルが飼ってあるが、アヒルは鴨を馴らしたもの、鴨は野のアヒルというわけだから、鴨はアヒルを一族と思って堀割の中に入ってくる。人が土堤に並んでも相当距離もあって、急角度だから見えない。猟場監視は扉の小さな穴にはめこんである硝子《ガラス》を通して、そういう鴨の様子を逐一《ちくいち》見ていて、何番さんのところには今鴨が何羽来ている、という風に伝える。大体平均してゆきわたった頃を見計らって、合図をして水門を落とす。するとその音に驚いて鴨が一斉に飛び立つのであるが、鴨は垂直には飛び上がらないから、ほとんどが土堤の傾斜に沿って飛び上がってゆく。そこを待ちかまえていて網をかぶせる、という仕組みである。これなら誰にでもできるわけで、別の折だが、私が知っているだけでも一網に三羽捕らえた婦人もあった。三羽の鴨というのはなかなか重いものである。それが生きているのだから、やっかいだ。捕らえはしたものの、その鴨を始末しかねて悲鳴をあげていた。

この猟はその日は四、五回行われて、相当成績があがったように記憶しているが、後で一行のために準備された鴨のスキ焼が、話にたがわずまた一種特別なものであった。

生け捕った鴨は長い首を羽の下にさしこんだだけでぐぅの音も出ず、すっかりおとなしくなってしまう。それを各自がひっ提げて意気揚々と元の場所に引き返すと、いよいよスキ焼の準備がはじまる。鷹匠は鴨の毛をむしり、素早く皮をむいて、手際よく肉を刻む。仕人は長方形の白木の低いテーブルを野外に持ち出して、すでに火鉢に炭をおこして、肉のでき上がるのを待つばかりである。この火鉢は高さ一尺二寸余りの四角の赤のオトシの火鉢で、茶の湯の風炉のように、向かい合って風通しがくりぬいてあり、れんがが入れてある。これにのせる鍋が珍しい。裏表なしの小判形の平らな鉄の板で、僅《わず》かに縁がついている。それをヤットコで火鉢の上にのせるのである。火鉢は長方形のテーブルの上に一列に幾《いく》つも陳《なら》べられ、御招待にあずかった人たちがテーブルの両側に向き合って座り、一つの鍋を向き合った二人が使う。

こうして準備ができると、一同椅子に座り、タレに漬けて大皿に盛った肉を焼きはじめる。鴨は脂肪が強いからジューッジューッという音がしてなかなか賑やかである。鴨のスキ焼は純粋に肉だけを食べる。この時仕人が鯉コク※と鯉の洗いを配って回る。酒は日本酒で、宮中で使うのは沢の鶴、惣花《そうはな》など、防腐剤の入っていない特製の酒であるから実に美味い。場所は湖水をひかえた野天で爽快極ま

鯉コク
輪切りにした鯉を味噌汁で煮た料理。

りない。いかに寒気がひどくても、脂ぎった肉が胃の腑《ふ》を満たし、芳醇《ほうじゅん》な酒がはらわたに沁《し》みこむから、寒さはただ食欲を増し、酒量をふやす役目を果たすだけである。この日の客は軍人であったから、酒はさかんなもので、やがて談論風発《だんろんふうはつ》、賑やかな酒もりとなっていった。仕人は空いている盃を見つけると、素早く酌《しゃく》をして回る。私もまた酒を注いで回っていたが、ふと閑院宮殿下のお声が耳にとまった。

「長岡という男はなかなか立派な人物のようだね!?」

「まあ、やり手はやり手ですが、しかし軍人としてはどうですかなあ！」

そう答えたのは大島久直大将※であった。こういう人物の噂はなかなか忘れないものであるが、後に長岡外史《ながおかがいし》将軍※が代議士になったことを知った時、この時の噂話をふと思い出して、面白く感じたものであった。この日は午後四時頃一同帰途についた。

ついでながら述べると、当時の狩猟頭《しゅりょうのかみ》は米田子爵《こめだ》※で、この人は狩猟についてはなかなかの通人であった。また、この人は初代の侍従武官長で、軍人でないのに大佐に任官して、明治陛下の侍従武官長になったのである。後には宮中の諸制

大島久直大将　久保田藩出身。軍事参議官。

長岡外史将軍　第十三師団長。一九二四年に衆議院議員に当選。

米田子爵　米田虎雄。熊本藩出身。このあたり記憶が混同しているようで、米田は中佐で侍従長（一八七八年十二月から一八八四年三月まで）を経て主猟頭。初代の侍従武官長は岡沢精（一八九六年四月就任）。

度も確立して、新たに軍人から侍従武官長が入ったので、侍従次長に格が下がったが、私が宮内省に入った頃にはやはりまだ大佐の軍服を着ていた。それから間もなく米田子爵は主猟頭になった。

第二部　女官

制度と階級

明治はともかく、大正になると、私もようやく宮中の事情にあかるくなって、次第に仕人のうちの側近者としての役目をするようになった。自然女官たちとの接触も多くなり、宮中の奥深く住み、とかく世間から取り沙汰されていた彼女たちの生活、今の言葉でいえばその生態を、つぶさに見るようになった。

そこで、私の見たままをここに述べればよいわけであるが、なにしろ世間と離れて特異な生活をしている人たちのことである。そのままでは、恐らく理解しにくいであろう。そこで、まず最初に女官の制度を述べ、それから逐次彼女たちの生活にふれてゆくのがよいように思う。

官制によると、尚侍《しょうじ》の下に典侍《てんじ》・権典侍《ごんてんじ》、掌侍《しょうじ》、権掌侍《ごんしょうじ》、命婦《みょうぶ》、権命婦《ごんみょうぶ》、女嬬《にょじゅ》、権女嬬《ごんにょじゅ》、雑仕《ぞうし》の順になっている。

尚侍は制度としてはあったが、この位についたものは後にも先にもない。

典侍は勅任官《ちょくにんかん》、権典侍以下命婦までは奏任官《そうにんかん》、女嬬は判任官、雑仕は雇員である。※

典侍から権掌侍までには堂上華族《どうじょうかぞく》※の娘から上ることになっているが、その各々が最初から家筋によって決まっているわけで、掌侍から典侍に昇官することは絶対にないのである。また女官になるのは華族のうちでも中位の華族の娘で、上位の華族の家からはなった例がない。

命婦、権命婦は社寺の娘から上る。

女嬬、権女嬬は京都の下賀茂の士族の娘が上ったが、俗に三仲間《みなかま》といわれて、御膳掛《ごぜんがかり》、御道具掛、呉服掛に分かれているが、階級もこの順になっていて、特に呉服掛の首席には呉波《くれは》、御膳掛の首席には阿茶《あちゃ》、御道具掛の首席には茶阿《ちゃあ》という名を頂いていた。しかし、山口かね子という御膳掛の次席は、明治から勤め上げた女嬬で、当時辻竹子が「阿茶」であったため、特別に「おかか」と呼ばれていた。

雑仕は京都の八瀬村の出身で、俗に「赤前垂《あかまえだれ》※」と呼ばれ、丸髷《まるまげ》に桃色の麻の布を腰に巻いている。御膳掛の下について台所の洗い物などをやる。

典侍は～である。
任官手続きの違いによる官吏区分で勅旨によって任ずる官職を勅任官、天皇への奏上を経て任ずる官職を奏任官、天皇の直接的な関与を経ないで行政官庁が任命する官職を判任官、官吏でない者を雇員と呼んだ。

堂上華族
公家の堂上家に由来する華族のこと。堂上家とは御所の清涼殿南廂にある殿上間に昇殿する資格を世襲した家で、公卿になれた。

赤前垂
赤い色の前垂れ。また、それを掛けた女性のこと。

両陛下の御身辺の世話をするのは典侍、権典侍で、皇后陛下の御髪上げなどは権掌侍が行う。なお天皇陛下の御散髪は侍従が奉仕したものであるが、仕人が稽古台にされて、逆に二十銭とか三十銭の手当を支給されたものであった。

掌侍は明治の鹿鳴館時代にはダンスの稽古などもして皇室の社交上の役もつとめたが、近来では主に陛下のお使いとか外部との接触にあたる。

命婦は御納戸《おなんど》の会計事務を取扱う。

三仲間《みなかま》についていうと、御膳掛《ごぜんがかり》はその専門の両陛下の御食事の外に両陛下の御手拭《てぬぐい》、石鹸、紙類、御湯殿の一部などを管理する。御道具掛《おどうぐがかり》は奥の備品、ならびに御料の御道具の修繕、御湯殿の手桶などを管理する。呉服掛《ごふくがかり》は和服の仕立、奥と仕人とをつなぐ中使い、外部へのお使い、両陛下の御祐筆の一部もつとめるが、大正の中頃には蕗《ふき》の命婦（三善千代子）が御祐筆をつとめていた。この人は学習院時代に皇后陛下と同級で、フランス語なども達者で、そのため特に宮中に召されたのだと聞いたが、行啓の時には他の女官に比較して、多く陛下のお供を仰せつかった。

明治、大正時代は、典侍から命婦まですべて源氏名を頂いたものである。その源氏名は多くは本人の性格を象ったものであった。例えば、典侍のことを典《すけ》というが、柳原局《やなぎわらのつぼね》※は早蕨典《さわらびのすけ》、千種典侍※は花松典《はなまつのすけ》、正親町《おおぎまち》権典侍は松風典《まつかぜのすけ》という。この頃小説で見る内侍というのは掌侍のことで、例えば、吉見掌侍※は桂内《かつらのない》侍《し》、園生寺《おんじょうじ》権掌侍（仮名）は早乙女内侍《さおとめのないし》、烏丸権掌侍は初花内侍《はつはなのないし》という風である。命婦になると一字名で、例えば、富田算子は桜の命婦、三善千代子は蕗の命婦という風に呼ばれた。

　また、女官の定員は次のようになっている。

勅任――典侍………一人
奏任――権典侍……四―五人
同――掌侍………一人
同――権掌侍……四―五人
同――命婦………二人
同――権命婦……四―五人

判任――女嬬
同――権女嬬
　）――御膳掛……一〇―一二人
　　――御道具掛…一〇人
　　――呉服掛……一〇人
雇員――雑仕………四人

柳原局　柳原愛子。公卿の柳原光愛の次女。後の大正天皇を産んだ。

千種典侍　千種任子。明治天皇との間に滋宮韶子内親王と増宮章子内親王という二人の子どもがあったが、二人とも夭折した。

吉見掌侍　吉見光子。北野天満宮宮司の娘。

以上を総称して局《つぼね》（女官）部屋といっているが、女官で局の名称を賜るのは男子をお産みした典侍に限られていた。例えば明治陛下をお産みしたのは中山一《いち》位局《いのつぼね》である。彼女は病気危篤に陥った時一位を賜ったのだが、その後快復したので、生存中から一位局であった。また大正天皇をお産みした柳原権典侍は生存中二位局を賜り、死後一位に昇格した。

ここに述べたのは明治から大正までつづいた女官の制度、定員であるが、昭和になると女官の人員は六分の一に減らされて、古めかしい階級名もなくなり、源氏名も廃止になった。ただ大正時代に皇后陛下にお仕えして、昭和になってもなお皇太后職にとどまったものだけは、従前通りであった。

なお、女官の局部屋で使う女中は針女《しんめ》※というが、この針女は典侍、掌侍で五、六名、命婦が三、四名、女嬬が一人を使っている。この針女には地方の郡長、村長、素封家《そほうか》※の娘が上った。

針女
裁縫を業務とする女性のこと。

素封家
お金持ち、財産家のこと。

局《つぼね》（女官の部屋）

前の項で女官の制度を説明したが、さらに深く女官の性格をつきとめようと思うには、女官の常の住居である局《つぼね》部屋や、女官の勤めている建物の内部や、それと御常御殿《おつねごてん》とのつながりや、宮内省とのつながりを知らなければならない。

局部屋は坂下門をくぐって右手の宮内省横の土塀の中にあるが、ここは完全に宮内省とも隔離されている。

局部屋には局玄関があって、玄関の前には皇宮警士が立ち番をしている。局玄関を入って、右側が応接間で、親戚とか知人が訪ねてきた場合、この応接間で面会するのである。左手の部屋には仕人の検番があって、その奥が畳の間で仕人の詰所になっている。この局玄関とは別に、仕人の詰所の前庭の中に独立した建物があるが、これが商人溜まりで、女官の日常生活に必要な野菜とか魚・肉など、それぞれの商人がここに品物を持って集まってくるのである。局玄関に来るまでの両側には木の塀が回《めぐ》らしてあるが、玄関の手前に木戸があって、商人たちはそこから中に入り、仕人の検査を受けてから商人溜まりにゆくわけである。この商人溜まりの建物のある庭は、直接局部屋につづいていて、針女《しんめ》たちがこの商人溜まりまで出てきて各自必要なものを買うことになっている。

局玄関を入ると例の百間《ひやっけん》廊下で、爪先登りにえんえんと奥までつづいている。入って間もなく、一間半あまりの広さのリノリューム※の廊下を歩いてゆくと、右手に板戸がある。その板戸を開けると三間《ま》ばかり部屋がある。この部屋が雑仕《ぞうし》の住居になっている。板戸の前を通って左に廊下を折れると、三段ばかり高くなって奥に廊下がつづくのであるが、その段の手前の左側は、今度は逆に梯子段《はしごだん》を降りるようになっている。そこが三の側《かわ》の局部屋の入口で、ちょうど昔の遊廓の部屋の間取りのように、片廊下の部屋がいくつも奥につづいている。この三の側は、女孺の住居になっている。さらに段を上って十メートルばかり進むと、今度は四段ばかり高くなって、やはりその手前の左側から梯子段を下って、命婦の住居の二の側《かわ》の局部屋につづいている。そこから再び廊下の段を上がってやはり十メートルばかり進むと右に廊下が曲がるが、それを曲がらずにすぐつき当たって梯子段を降りると、一の側《かわ》の局部屋の入口になる。一の側は典侍、掌侍などの住居に

リノリューム
リノリウム。天然素材から製造される建材で、その名称の由来である亜麻仁油以外に、ジュートなどの植物繊維のほか、ロジン・木粉・石灰石・コルク粉などから製造される。

なっている。

ついでに局部屋を、もう少し詳しく見てみよう。百間廊下から一の側に降りる梯子段をつたって降りてゆくと、片廊下に出る。廊下はずっと先の方までつづいているから、この建物が細長い建物であることがわかる。廊下は片方が窓で片方が障子になっていて、障子と障子との間の柱には女官の名札がかけてある。障子の中は二畳敷の畳廊下になっていて、やはり障子をへだてて、八畳、六畳、四畳という風に三間《ま》部屋が並んでいるが、その奥にやはり同じ広さの部屋が三間あるから、部屋数は六間あることになる。真ん中の部屋だけは奥の部屋との境が壁になっているが、他はすべて唐紙で仕切ってある。奥の部屋の外はやはり障子をへだてて同じ間内《まうち》廊下で、間内廊下から障子をへだてて一段下がって二尺ばかりの幅の板縁になっており、そこからたたきに降りることになる。このたたきは左右の廊下にはさまれているわけで、廊下はこの家の左右の角の四畳の二つの針女《しんめ》部屋につながっている。その針女部屋までゆく途中は、左右とも深い戸棚になっていて、ここに食器類を置く。たたきを降りると右寄りに出口があって、左寄りに奥言葉で、御飯処《おめんど》といっている台所と、炊事場がある。戸を開けて出ると、建物に沿って四間幅の通路があるが、通路の向こうが塀になっていて、その塀に寄って湯殿と物置と洗濯場が並んでいる。これはどの女官部屋にも付属しているもので、ここの湯殿は針女《しんめ》が使うもので、女官の湯殿は女官部屋の間にあって、そこを女官が共同で使うことになっている。これでおよそ女官部屋の間取りを説いたが、こういう同じ間取りの部屋が、片廊下によっていくつかつづいているわけである。部屋は一番最初の間が八畳で、この間《ま》には、入ったところに必ず鏡と座布団が置いてある。鏡は古代様式の鏡で、三尺の障子屏風を立ててある。また壁をへだてた奥の真ん中の間《ま》は、人形の間で、ここに沢山の人形が飾ってあるのはどの女官部屋も同じである。簞笥《たんす》は洋簞笥に和簞笥三本から五本を置いてある。夏は障子や唐紙を開け通すので、大抵の女官は四つや五つの障子屏風を持っていて部屋と部屋との間を仕切るが、これは平安朝の大和絵などに見る家屋の内部と似たものがある。

さて局部屋はこれで終わったが、廊下はなおも奥深くつづくわけで、一の側の局部屋にゆかず、右に曲がって十メートルばかりゆき、さらに左に曲がって二メートルばかりゆくと段がある。それを上がって右に曲がると、通り抜けの部屋になっていて、その部屋を普通洋裁所と呼んでいるが、その部屋を通り抜けた角が踊り場で、ここから紅葉山にゆけるようになっている。踊り場を左にゆくと再び階段、階段を上るともはや真直な廊下がえんえんと百メートルもつづいて、女官候所《にょかんこうしょ》のある建物につながるわけである。

百間廊下《ひやっけん》風景

ここがいわゆる百間廊下で、百間廊下は、ところどころに段があり、奥にゆくに従って高くなっているが、これで局玄関が低地にあり、御常御殿《おつねごてん》やその他の建物が丘陵の上にあることがわかる。この百間廊下の幅は約一間半あまりで、リノリュームが敷きつめられているが、驚くのはその長い廊下の片側に、ぎっしりと長持が置いてあることである。ちょっと見ればその数がどれほどあるかわからないくらいである。その長持にはすべて真ん中に長方形の奉書紙が貼りつけてあって、その紙には「千種典侍」とか「吉見掌侍」とか「桜の命婦」とかいう風に各自の名前が大きく書いてある。この長持は持ち主の階級の順に置かれていた。古い女官になると、一人で五つも六つも持っていたものである。その長持の中には、着物とか、蒲団《ふとん》とか、御下賜の品物などがぎっしりと詰まっていて、雲上の彼女たちの生活がここに端的にあらわれているのである。このことは他で述べよう。

八時前になると、そろそろ交替勤務の女官が出勤しはじめる。古い高等女官は例の白羽二重の着物を引きずるようにして、胸のあたりをだぶつかせながら百間廊下を渡ってゆく。その後を針女《しんめ》がいそいそと従ってゆく。これが明治時代で夏の頃でもあれば、針女は団扇《うちわ》を持って、後ろからあおぎながら奥に送りこむのであるが、大正になってからはそういうことも次第になくなった。針女は百間廊下を渡り切るまで自分の「旦那さん」である女官を送っていって、杉戸のところで引き返すが、帰りに他の女官に出逢うと、針女の方から挨拶する。するとその女官についてきた針女が必ず「御苦労さまです」と挨拶を返したもので、女官は別に言葉はかけないのである。

若い高等女官は、老女官たちのように着流しで出勤することは珍しく、大抵は緋《ひ》の袴をはいて出勤する。また女官は時と場合によっては洋服を着ることもあるし、着流しの時もあり、緋の袴をはくこともあるが、そういう時には女官は自分の局部屋に使いを出して、それぞれその時に必要な服装を針女に持ってこさせる。その着替えの部屋が百間廊下から杉戸に入る手前の廊下の両側にあって、そこで化粧などをすることもできる。

昼前になると、それぞれの女官の針女たちが、銘仙《めいせん》※の着物を着て彼女たちの「旦那さん」の食事を運んでゆく。ちょうど料理屋の出前よろしくで、右腕をあげて手の平に膳をのせ、左手に薬缶《やかん》を提げたその手で右腕の袂《たもと》を押さえながら、小走りに百間廊下を歩いてゆく。これが村長の娘であり、地方の素封家《そほうか》の娘であるかと驚くほどの、慣れた手つきであり腰つきである。針女は食事を持って奥の入口までゆくと、そこの呼鈴《よびりん》を押す。すると奥から判任女官の卵であるお茶汲《く》みが出てきて、膳を受け取るのであるが、受け取りに出てこない場合は、配達の戸棚が置いてあるので、そこに膳を入れて針女は帰ることになっている。

銘仙
平織した絣（かすり）の絹織物のこと。

女官候所《こうしょ》付近

リノリュームの百間廊下を渡って次の建物に入ると、ここからは廊下に緋の絨毯《じゅうたん》が敷いてある。戸口を入ると左右に廊下が分かれるが、右にゆくとすぐつき当たって左に折れる。左に折れて真っ直《ます》ぐにゆくとすぐまた右側に杉戸がある。その杉戸を開いて廊下を奥にゆくと、呉服掛の部室があるが、その杉戸に入らず通り過ぎてゆくと、間もなく広い踊り場に出る。この踊り場の周囲に、右側に中使いの小部屋があってその隣が女官食堂になっている。女官候所《にょかんこうしょ》はこの踊り場の正面に位置しているが、女官候所の右隣が部屋つづきの御納戸になっている。女官候所は八畳ばかりの洋間で、海老茶の絨毯が敷きつめてある。中央は四角のテーブルが置いてあって、その周りに椅子が置かれている。女官の食堂には畳が敷いてあるが、その十畳ばかりの部屋の中央に六尺卓が二つ並べられて、両側に椅子が置いてある。この女官候所の奥の廊下をへだてて階段を上ったところが御常御殿だ。だから女官がこの女官候所に詰めていれば、いつでも御常御殿にお住まいになる両陛下の御用を足すことができるのである。さらに、踊り場の左側、左右の廊下にはさまれて、御道具掛の部室、せまい廊下をはさんで御膳掛の部屋、また同じ廊下をはさんで供進所《ぐしんじょ》※がある。御膳掛の隣が雑仕の詰所になっており、雑仕は御膳掛の下で台所の洗い物などをするわけである。また供進所の隣が、奥

供進所
天皇に料理を献上する場所のこと。

言葉では御清所《おきよどころ》、つまり台所であるが、御膳掛のものがここで御上《おかみ》のお好みのものなどを作るのである。

さて、女官候所から廊下を渡って御道具掛、御膳掛、供進所を過ぎると廊下はつき当たり、そのつき当たりの杉戸を開けると、やはり廊下で、階段を降りて真っ直ぐに廊下がつづき、そのつき当たったところが宮殿の入口になっている。また右に曲がったつき当たりの杉戸を開くと廊下の右側に人形の間があって、その先が皇后陛下の内謁見所《ないえつけんじょ》になっている。供進所から左に廊下を折れてゆくと、部屋が切れたところで、前に述べた踊り場から来る廊下と合うことになるが（つまり先の三つの部屋は廊下で囲まれているわけである）、その合ったところの出入口がいわゆる御錠口《おじょうぐち》で、段を降りた御錠口の外が広々とした踊り場で、右手に三尺卓が置いてあり、ここに側近の仕人が検番として控えている。左側には皇后宮大夫の部屋がある。この踊り場から六間の広い段を降りてゆくと、右に折れる廊下との角に皇后宮職の事務所があって、ここに属官や仕人が詰めている。ここを通って四段ばかり下ってしばらくゆくと宮殿の入口に出るが、ここは鉄の扉で閉ざされている。そこから左に折れると今度は直線の廊下で、この廊下は長々と宮内省の二階にまでつづいている。

逆に言えば、皇后宮職の方から御錠口を入ると、正面と左右に廊下が開かれているわけであるが、左の供進所の方にはゆかず、右の廊下をゆくと、左に折れれば百間廊下とこの建物の出入口にゆくことになり、正面の杉戸を開けて廊下を渡ってゆくと、皇后陛下のお出入口になっている北御車寄に出ることになる。

以上の説明で想像されるように、御錠口より奥の仕事はすべて女官がやるわけで、明治のもっとも女官の栄えた時には、伊藤博文公でさえ女官に対しては頭が上がらなかったという理由がほぼうなずけるであろう。

女官の生活

さて、前にも述べたような環境の中に住む女官たちの日常生活は、一体どのようなものであろうか?　全く世間から隔離されている生活だけに、私もまた当然興味をもって眺めざるを得なかった。といっても直接彼女たちの生活の中に入りこむことが許されるわけではなく、御錠口や局玄関に立つ検番として、彼女たちの出入証を査《しら》べるとか、持ち物の証明書を見るとか、あるいは、呼鈴一つで女官候所まで飛んでいって命令を受けるとか、商人溜まりの商人たちと女官との間をとりもつとか、あるいはまた、女官のお供をして買い物に出るとか、歌舞伎座で観劇するとか、浜離宮で魚釣りをするとか、陛下の御運動の時に一緒にお供するとか、御用邸に一緒に従うとか、三大節などの祝日には奥だけの催しとして彼女たちとともに仮装行列をして陛下にお目にかけるとか、そんな風な私の役目の中から、彼女たちの生活にふれ、それを眺め、さらにまた堅く閉ざされた局部屋の中の彼女たちの内面生活に想像をくり広げるのである。読者は私の見た範囲から、さらに想像を逞《たくま》しくされるのもよいであろう。

それでは、私の見たままを書いてみよう。

御納戸売《おなんどばい》

世間で盆暮れの売り出しがそろそろはじまろうとする時分になると、大丸、高島屋、三越、白木屋、麴町平河町の染物屋、道具屋などが、皇后宮職の事務所の近くにある商人溜まりにやってくる。彼らはそれぞれ陛下にお買い上げを願う品物を持ってきているわけであるが、仕人が中に入ってそれらの品物を奥の女官候所に運び、そこからさらに女官が御常御殿に持って行って陛下のお目にかける順序になる。こうして陛下がお買い上げになった品物以外のものは、今度は女官候所に持ってゆかれて、女官たちがそれぞれ自分の好みによって品物を選んで買い取り、残ったものだけを、商人溜まりへ仕人が返すことになる。

彼女たちはもちろん自分の好みによって選ぶものも違うわけであるが、同じことは、彼女たちがお互いに同僚たちに相談する言葉である。彼女たちは自分で選んだものを同僚たちに見せながら、きまって最初にいう。

「これは身内《みうち》のものにはどうでしょうかしら？」

すると同僚たちの間で、いろいろと批評が出る。結局、

「身内によく似合うわ。」

ということになると、今度は「やさしいかしら？」あるいは「むずかしいかしら？」といろいろ考えたあげく、「やさしい」ということになると、その女官はそれを買うことになる。

つまり身内というのは、自分たち御所の中にいるもののことで、彼女たちの言

う「下方《したかた》」とははっきり違うのである。また彼女たちは世間一般とは当然違わねばならぬと考えているのである。「やさしい」というのは安いということで「むずかしい」というのは高いということである。

　こうして彼女たちは、自分の好きなものを買ってしまえば後は用はないので、仕人が彼女たちの買ったものを覚えていて、中使《なかづか》いに向かって、

「今誰某《だれそれ》さんがこしらえ（買われ）た品の御代《おかわ》りをください。」

と言うと、中使いは奥の御納戸へ行って代金を持ってきて仕人に渡す。その代金は必ず半紙に包んであるが、もったいないので、私たちはその半紙を鼻紙用に取ってしまって、商人には金だけを渡すことにしていた。

　これを「御納戸売」といった。

服装

　女官の服装はなかなか形容しにくい。私が初めて高等女官を見た時の印象をいえば、歌麿描くところの遊女の絵姿を感じたものであった。着物は白羽二重で袖は元禄袖、裾長の着物を適当にからげ、赤い腰紐を横で結んで長く垂らしている。

普通の着物のような着方をしていないから、からげ上げた部分がだぶついている。裾は引きずるように長く、ふきかえしには厚いくらいに綿が入っている。その恰好で局部屋からの百間廊下を通って奥にゆくわけであるが、前にも書いた通り若い高等女官はそれに緋の袴をはいた。

彼女たちが寝るのも、その白羽二重の着物で、丈が長いから裾で足を包んで寝るのであろう。私は一度初花内侍を起こしに行って、彼女が起きて洗面にゆく時の姿を見たことがあったが、裾を長く引きずって歩いてゆく姿は非常な美人であるだけに、いかにもなまめかしく、凄艶《せいえん》という感じを受けたほどであった。

彼女たちの髪は、当時のことでもあるし、束髪か、「しいたけたぼ※」といって、俗に「かたはずし」といわれた形に結っていた。

判任女官の女嬬《にょじゅ》は、矢絣《やがすり》の銘仙か、縞柄の着物を多く着た。帯はもえぎの六寸幅の帯で、それを後ろで蝶結びに結ぶからちょうどお尻がかくれるようになるが、歩く時にはそれが交互にぱたぱたと浮き上がったり下がったりするので、一寸可笑しくもあり色っぽくもあった。

高等女官の大礼服はやはり白羽二重の着物に緋の袴、それに白の短いうちかけ

しいたけたぼ
江戸時代に御殿女中の間で流行した、左右の鬢を左右に張り出す髪形のこと。

を着るが、つまり昔からある袿袴《うちきばかま》というのである。判任女官は黒地に花模様の総刺繡の着物にやはり緋の袴をはく。

この外、洋装にも普段服と大礼服があるが、洋装のことはあまりわからぬので、裾長の洋服で、その色も単色であるとだけいうにとどめる。

判任女官になると、夏には浴衣を着るが、これは麻の花模様のものであった。また、夏は蚊帳《かや》も用いるが、それは世間一般に、子供用として用いられている、幌蚊帳《ほろかや》の大きなもので、背丈ほどの竹の輪に、四隅に重《おも》しの意味であろう、砂を入れた三角の紅白の袋がついていた。

外出

明治から大正の半ば頃までは、女官が休暇を頂いて自分の家へ帰る時には、必ず仕人が送り迎えしたものであった。また女官がお使いで買い物に外出するような時にも、必ず仕人がついて行くことになっていた。

そういう時、仕人は御納戸から金をあずかっていて、女官が買い物をする度ごとに会計をしてゆくのである。

多くの場合、女官の買い物は、陛下から仰せつかった拝謁の時の御下賜品とか、お祝いの時の福引の賞品とか、自分たちの日用品などであるが、行く先はきまって、三越、白木屋、髙島屋などのデパートか、伊東屋や西川や伴伝などの一流の店ばかりで、ついでに玩具屋の金太郎にも必ず寄って玩具とか人形などを買った。

外出にはさすがに宮中での服装はしない。普通の和服か洋服を着てゆく。大抵の場合は自動車でデパートまで乗り着け、そのまますうっと中へ入り、一般の人の買い物のようにあれを見たりこれを見たりしながらブラブラ買い物歩きをするのではなく、真っ直ぐ目的の場所へ行き、目的のものを手当たり次第に買って、また次の買い物に移ってゆくという風である。だからお供の仕人は大変だ。まず勘定を払って、包装された品物を受け取って、それから先へゆく女官を見失わないようについて歩かねばならぬ。その上、女官の買った品物は次々とふえてゆく。山ほどの買い物を抱えて、仕人もついに悲鳴をあげたくなる。ところでその頃になるときまって助け船がくる。それはデパートの官庁係の番頭だ。別に事前に連絡するわけではないが、彼らは目ざとく女官を見つけてうやうやしく頭を下げてやってくる。多分どこか一般の人と違った気品のある服装、態度でもわかるのだろうが、なによりも彼らが懐《いだ》いている、私は普通の女とは違うのだといった誇りが、自然とすべてにあらわれるので、それが彼らの目につく。あるいは売場からすぐ通報されるのかもしれないが、彼らは知らぬ間にやってきて、あれこれと気を配って、店員などを呼び寄せて手伝ってくれる。

買い物を終わった女官たちは、やはり世間一般の女性の習慣に従って、お茶を飲んで帰るが、その行く先はきまってデパートの食堂か、そうでなければ山王の茶寮河八がやっていた「銀茶寮」であった。

間食

「下方《したかた》」と自分たちとは違うのだと強い誇りを持っている彼女たちも、胃の腑《ふ》だけはどうにもならず、やはりそれは「下方」と変わりはなかったらしい。皇后宮職の仕人であった私は、彼女たちの呼鈴一つで女官候所まで飛んでゆかねばならなかったが、そういう時に彼女たちがよく間食をしているのに出会った。それは、今いった「よく」というより、「しょっ中」といった方がよいくらいで、あられ、かい、ねじ菓子、かりん糖、果物など、よくもあれほど食べられると思うくらい食べていた。その菓子の供給源は虎屋で、虎屋の店のものが常に出入りしていた。そういう菓子を買う費用は彼女たちの共同積立金から出ていたのかもしれないが、私自身彼女たちからそのお裾分けにあずかったりした時には、缶入りのままだったりしたこともあるので、あるいは菓子を買うのも官費からかも知れぬと思ったほどであった。

恋愛・結婚

女官が、人間として、また女性としてその生涯のうちのもっとも楽しかるべき青春をなげうって宮中に奉仕するという心理は、一面理解しがたいように見える。けれども、実は「虚栄」という文字をその心理に置いてみた場合、私はいとも簡単に理解できるような気もするのである。

しかし、彼女たちが花の蕾《つぼみ》である時はまだしも、花も開き、やがて女性の生理に身もだえする時には、一体どうなのであろうか？　それでも虚栄だけが彼女たちを支えてくれるのであろうか？　明治の頃は、ともかく皇后のお控えとしての意識が強かったためでもあろう、一生奉公の気持ちで仕えていた人も多かったが、大正に入ると、大分観念が違ってきているのである。女官の多くや、雑仕、針女たちが、婚期を逸《いっ》しながらも、結局はいつの間にか結婚生活に入っていったのは、やはり女の宿命なのであろう。二、三の例外を除いて、雑仕はほとんどが四十前後になってから結婚したし、針女は二十五、六から三十五、六までの間に結婚生活に入った。

しかし、その間、彼女たちの情熱は少しのはけ口も求めなかったのであろうか？不思議なようであるが、私の知る範囲ではあまりそうした噂も聞かなかった。恐らく彼女たちは、嫉妬・反目・虚栄の三つにそのほとんどの精神をうばわれていて、自分の心の底に疼《うず》くものを見つめる余裕がなかったのであろう。また、もちろん環境が彼女たちを刺戟《しげき》しなかったことにもよるに違いない。しかし例外はある。

ある日、むろん大正になってからのことであるが、私は千種権典侍のお供をして沼津※の御用邸に出張を命ぜられたことがあった。

何のための出張か別に聞かされもしなかったので、私はただ千種権典侍が何か沼津に御用ができてのことだろうと、きわめて暢気《のんき》に考えていたのである。

沼津
沼津御用邸。一八九二年に嘉仁皇太子の静養のために造営が開始され、一九六九年に御用邸が廃止されるまで利用された。

その翌日であったか、千種権典侍が帰るので、私もまたその御供をして帰ることになったが、その時一緒に御別邸にいた千代松内侍（仮名）も東京へ帰ることがわかった。いよいよ三人が汽車に乗って座席に座ることになったが、その時、普段なら二人の女官は向かい合って腰掛けて、いろいろ話し合いながら東京に着くということになるのだが、その時には、千代松内侍は千種権典侍と離れるようにして座って、だまり込んで陰鬱そうにうつむいていた。私は、一寸変に感じたのであったが、それもしかし別に深くも考えずに宮中に帰ったのであった。

ところが、千代松内侍は東京に帰ると、すぐ局部屋を下がってしまった。それから、私も初めて、自分が沼津に出張を命ぜられた理由を知ったのであった。つまり千種権典侍は千代松内侍を東京に連れて帰るために出張したのであり、私はその御供を命ぜられたのであった。

千代松内侍は、その美しい源氏名に反して、女官としてはまれに見る不器量な女であった。自然誰も千代松内侍を問題にするものはなかった。だからその女が沼津御別邸で大膳職の膳手《ぜんしゅ》（判任官）と、しかも宮内省でも美男の中の美男といわれていた青年と関係があろうなぞとは、全く思いも寄らないことであった。しかしそれは事実であった。

このことは当時の新聞の三面記事を賑やかしたもので、記憶のいい人なら今でも覚えているに違いない。

千代松内侍は局部屋を下がったが、二人は強い愛情によって結ばれていたと見えて、その後間もなく結婚し、やがて二人の子供が生まれた。恐らく今でもどこかで幸福に暮らしているに違いない。

また、ある判任女官のように、宮中で侍従と関係を結びながら、他に内舎人《うどねり》※とも関係し、女官を辞めてある医者と結婚してから後も、前の二人との関係をやめず、情痴の限りをつくして、ついに病死したというような例もあった。

内舎人
天皇の近くで仕え世話をになった人々。

針女《しんめ》の悲喜劇

針女になるのは、多くは村長や郡長の娘とか、地方素封家の娘で、家では女中の一人二人も使っているような家柄のものであるが、これが宮中に入ると、逆に女中として立ち働くのである。彼女たちは自分の仕える女官を「旦那さん」と呼び、その旦那さんのための食事の用意とか、一切の身の回りの世話をするのであるが、百間廊下を出前持ちのようにお膳を支えて上手に運ぶのも彼女たちの仕事で、それができぬようでは一人前の針女とはいえないのである。針女の古参を老女といっているが、明治時代には、老女は生涯を女官に仕えたもので、あの明治陛下の四内親王をお産みした園権典侍※の老女は木下タキといって、明治・大正・昭和三代五十六年にわたって仕えたが、今も元気でいるらしい。こうした老女はなかなか実権を持っている。女官の会計をあずかっていて、種々針女たちを指図して、旦那さんである女官の女房役を果たすのである。

針女のことを奥では俗に又者《またもの》といっている。そのいわれはよくわからないが、女官とははっきり区別した一段上から見下した呼び方であることには間違いない。事実針女は、百間廊下から奥へは絶対に入ってゆくことができないのである。ところが針女には、いやしくも宮中にお勤めしているものであるという虚栄心がある。また地方では女官というものがどういう制度で、どういうものがなるのかよくわからない。そこで地方で素封家の娘が針女となって宮中にお勤めするようになると、あたかも女官にでもなったように騒ぎたてるわけであるが、針女としてみれば、まさか自分の仕事は女中の仕事であるなどとはいえたものでない。そこ

園権典侍
園祥子。公卿の園基祥の娘。明治天皇との間に二男六女の子どもがあった。

に針女の悲哀もあるわけで、私たちは検番に立って、手紙などの検査をしていて、時には針女が高等女官の洋装の大礼服を着て写している写真などを見つけ出すこともあったが、そういうことも自分の家郷に対する見栄のあらわれであったろう。もちろん、私たちはそういう写真を見つけても、決して女官に告げるようなことはしなかったから、旦那さんの方は何も知らずに済んでいたはずである。

月を覗く部屋子《へやこ》

ある月の美しい夜であった。私が検番で立っていた時であったかどうか忘れたが、内謁見所の廊下の窓に寄って、古参のすでに老女となっていた女官に連れられた一人の女官の見習いが、何やら丸いものを両手でかざして、ようやく中天にさしかかった月を見ている様子であった。

「ははあ!」

そこで、私は、どうやらあの娘も一人前になったのかと思ったのであるが、奥の生活にはまことに面白い風習があるものである。

この女官の見習いというのは、私たちはお茶汲みといっていたが、十二、三の時にすでに奥に入って、古参の女官の部屋にあずけられ、一人前に成人してから初めて部屋を頂いて女官となるのであるが、この見習いのことを俗に、部屋子《へやこ》といっている。この部屋子の制度は大正の末期になってなくなったが、大正以前の女官の性格はこうした「部屋子」の制度を考えてみてもほぼうなずけるであろう。

この部屋子に初潮があると、最初の月夜に五、六寸もある大きな饅頭《まんじゅう》を作り、その饅頭の真ん中に紅で丸い印をつけ、そこに穴を開けて、その穴から月を覗くのである。私の見たのはその時の光景であった。

早乙女《さおとめ》の内侍《ないし》

大正になってから見習いとして入ってきて、間もなく女官に任官した三人の娘は、いずれ劣らぬ美しい娘であった。その三人の娘というのは、清水谷権典侍※、大原権掌侍、園生寺《おんじようじ》権掌侍※（仮名）で、なかでも園生寺権掌侍は背丈も高く、すらっと均整がとれた肢体、すき透るように色が白く、面長な顔だちで、鼻も高く、切れの長い眸《ひとみ》に睫《まつげ》が長くくまをとっていた、貴品のある顔であったが、そ

清水谷権典侍
清水谷英子。伯爵・陸軍軍人の清水谷実英の長女。

園生寺権掌侍
東坊城敏子。長田幹彦『小説天皇』のヒロインモデルにもなった。

れでいてどこか人形のようなあどけなさがあった。着物姿もよかったが、洋装がことによく似合った。彼女は早乙女内侍という源氏名を頂いた。

誰でもそうであるが、こういう美しい娘を見ると、何かその娘に対して、幸福よりも不幸が訪れるに違いないと、一種の不安を抱くものである。私たちも初めて彼女を見た時、その乙女のもつ清らかさや、まだ彼女自身意識しない世にもまれな美しさから、どことなく流れでる悲哀を感じたのであった。

早乙女内侍は誰からも愛された。優しい気性だったので、下のものからも好かれた。ことに皇后陛下からは目をかけられていて、陛下のお髪あげも彼女の勤めであった。陛下が御用邸に行啓になる時も、早乙女内侍は必ずお供を仰せつかった。

こうして彼女は女官としての宿命的な不幸にも気づかず、まして嫉妬や反目の渦中に身を投ずるようなこともなく、いつまでもあどけない乙女の姿のままで、齢さえもとることがないように思われた。

一方園生寺家は公卿《くぎょう》華族としては裕福な方であったが、維新以後は次第に落目になって、その頃では公卿華族としての体面さえも容易に保てない状態で、経済的には非常に逼迫《ひっぱく》していた。そのためか、一人の弟は自分の芸術的な才能を生かして映画監督になっていたし、後には妹もまた映画女優となって、内海孝子※（仮名）という名で売り出したのである。こうした一家の経済的な苦境は、当然彼女の身辺にも影響を及ぼさないではおかなかった。

前田侯爵家との縁談がもち上がったのはその頃であった。それに対して早乙女内侍がどういう気持ちを抱いていたのか、私は知らない。しかしいろいろな点を考え合わせてみた場合、恐らく彼女はいつまでも陛下にお仕えしたいという考えから、この縁談には積極的でなかったのではあるまいか。しかし、園生寺子爵家の方では、これをまたとない縁組みと考えて、一生懸命に娘の気持ちをときふせようとしていたに違いないであろう。というのは前田家は人も知るように「加賀百万石」の家柄できわめて裕福な大名華族であったから、この縁組みによって苦境に立つ園生寺家の財政が救われると考えられたのも当然であろう。また前田侯爵家の方でも、早乙女内侍の美貌と人柄を見込んでの縁談であろうから、この縁談はやはりまとまるのではなかろうかと、早乙女内侍に対しては何か哀れに思いながらも、私たちはそう想像していたのであった。

ところが、この縁談は不意にたち消えになってしまった。

内海孝子
入江たか子。東坊城家の出身で、映画女優として活躍した。

その原因についてはいろいろと噂されたが、弟が映画監督であるということが、体面を重んじる当時の華族社会の観念としては、どうにも具合が悪いということになったのではあるまいか。私たちはそういう風に聞いたのである。

こうして前田家との縁談に破れた早乙女内侍にとって、何が幸いであったか、それは後に来た運命が説明するであろう。

ある時、両陛下は葉山の御別邸に行幸啓になった。早乙女内侍がお供をしたのはもちろんである。私も皇后宮職の仕人としてお供に加わった。

葉山での生活は何事もなかった。陛下の御体をおもんぱかっての行幸啓であったが、陛下は比較的御健康の御模様であった。そうこうしているうちに、ある日、早乙女内侍が一日の休暇を願い出た。お許しが出た早乙女内侍は老女のお幸を連れて鎌倉へ行った。この場合、普通は仕人がお供をすることになるのだが、その時はどういう理由か、老女のみがお供について外出したのであった。

ところがその日、二人はいつまでたっても帰ってこなかった。しかし老女のお幸がついて行っていることではあるし、まさかあのようなことが起こりうるなどとは、誰しも考え及ばなかったのであった。その日の夕方遅くなってから、お幸

一人が帰ってきた。お幸は詰所にきて私の前に立った時、気がゆるんだのか、急に泣き出した。私が理由を訊くと、

「旦那さんを鎌倉の駅で見失ってしまいました。混雑していて、いくら探してもわからないので、諦めて帰ってきましたが、どうしたらよいでしょう？」

というのである。私も、もちろん後で述べるようなことが起ころうなどとは夢にも考えなかったので、いかに世間知らずのお姫《ひい》様だとしても、鎌倉から葉山までの汽車に乗ることぐらいはできるであろうと、たいして気にもとめずに老女を慰めただけで、そのまま忘れてしまった。

ところが、早乙女内侍はその日はとうとう帰って来なかった。

翌日になって、早乙女内侍は園生寺子爵に伴われて葉山に帰ってきた。蒼い顔をして、あまり話もしたがらない様子で、何かひどく精神的な打撃を受けた様子であったと、私は他のものから聞いたのであったが、子爵は早乙女内侍から、自殺をするという電報を受け取って、驚いて鎌倉に飛んで行って早乙女内侍を迎えて帰ってきたのだということであった。何故自殺をするというようなことを電報で打ったのか、考えると可笑しな話であるが、私としては後で知ったことから考

え合わせて、深窓にお姫さまとして育ち、そのまま宮中に入って世間と全く没交渉だった娘としては、そうするより仕方がなかったであろうと考えたのである。

ところで御別邸に帰ってきた早乙女内侍は、その日から病気になってしまった。早速侍医《じい》※が診察したが病名がよくわからない。しかもなかなかよくならない。そこで御別邸近くにあった農家の新築の家を、仮に侍医寮の療養所にして、そこに早乙女内侍を移すことになった。私と会計とは一緒に台所道具やらその他必要な日用品を買ってその家に設備をすると、局《つぼね》から玄関までの間を私が背負って行って、自動車に乗せて療養所に運んだのである。その時は早乙女内侍はひどく弱っていて、ようやく私に負ぶさったぐらいで、あの美しい顔がすっかり蒼ざめてやつれていたのを、私は今でも覚えている。

その時はたしか三月だったと思うが、四月になって両陛下は東京に還御になったが、早乙女内侍はそのまま療養所に残っていた。するとその直後、葉山の早乙女内侍から辞表が出されたことが、私の耳に入った。

皆はそのことについて別に疑問を挟むものもいなかったようであったが、しかし私は、病気だとはいえ、早乙女内侍が何かひどく精神的に苦しんでいるように

侍医
天皇や皇族の診療にあたる医師。宮内省に侍医寮が置かれ、その職務を担当した。

見受けられたことや、病名さえもわからないでいることなどを想い合わせて、何か特別な事情でもあったのではあるまいかと、ひとり気を揉んでいたのであった。それからしばらくして、早乙女内侍が病院に入院したということを聞いた。

それっきり早乙女内侍は宮中にも帰らず、彼女の荷物は母親と、後に映画女優の内海孝子になった、当時はまだ十六の妹とが取りにきた。

月花園※（仮名）の当主になった高山氏※（仮名）との縁談が噂されるようになったのは、それからまた後のことであった。

この縁談の中に立ったのが、園生寺家の親戚にあたる清野子爵だということであった。今度は当主の園生寺子爵は反対しているが、逆に早乙女内侍の方が乗り気だと聞いて、私は唖然《あぜん》とした。というのは高山氏は当時築地に数百万に上る地所の差配をしていたとはいえ、風呂屋の三助※までした男であると聞いている。いかに経済的に苦境に追い込まれているとはいえ、一方は家柄を誇る子爵華族であり、しかも自身位階勲等まで持っている女官である。その上彼女はまれに見る美人で気品も高かった。常識から考えてみても、彼女がこの縁談に賛成であるはずがないのである。まして当主が反対であるのを押し切って結婚しようなどとは全

月花園
東京芝浦の雅叙園のこと。

高山氏
細川力蔵。雅叙園を創業。芝浦花街の三業組合の理事長。

風呂屋の三助
銭湯の雑用や客の湯流しをする下男のこと。

く考えられぬことであった。

しかし、それから間もなく彼女と高山氏との婚礼式が挙げられた。私は暗澹《あんたん》とした気持ちでこのことを報じた新聞記事を読んだ。私には矢張《やは》り彼女と高山氏との結婚は解けぬ謎であった。

ところが、ふとしたことから、私は、例の早乙女内侍が鎌倉に行ったのは清野子爵が誘ったのであって、その時清野子爵がある場所で早乙女内侍を高山氏に会わしたのだということを知った。それと同時に、その後早乙女内侍が入院したのは婦人科の手術のためであった、ということも知ったのである。これで、私の解けぬ謎も解けたと同然であった。というのは当時高山氏は羽振りもよく、遊蕩《ゆうとう》にはことかかなかったわけで、悪所通いも相当やっていたのではないかと想像されたからであった。もちろん、これは私の想像であって事実かどうかは当人たちより知るはずがないわけであるが、それならば何故周囲の反対にもかかわらず、早乙女内侍が進んで高山氏と結婚する気持ちになったのであろうか？　依然として解けぬ謎に包まれざるを得ないであろう。私はやはりこれは恐らく早乙女内侍としては、今まで御愛寵を受けた陛下に対しても、その数々の懐かしい思い出に対しても、その起こったことに対する苦悩の激しさは、いかにも耐えがたいものがあったのであろうと思う。彼女は、自らを虐《さいな》み、せっぱつまった身を投げ出す思いで、自分から進んで結婚を承諾したのではあるまいか。

それは深窓に育ったものの或《あ》る種の無智からでもあろう。それを裏付けるようなことを、後になってから私はある友人から聞いた。その友人は高山氏とも親しい間柄であった。

「ほかでもないが、君は例の月花園に嫁に行った園生寺の娘をよく知っているはずだが、一体あの家は気違いの筋でもあるのかね?」

その男は、飛んでもないことを私に聞いた。

「いや、そんなことは決してないよ。」

「しかし、それにしてはおかしいことがあるんだがね。」

「おかしいことって?」私も一寸興味を覚えた。「まあ話して見給《みたま》え。」

「うん、それが変な話になるんだが……」彼は言ったものかどうか、としばらく迷う風であったが、「何ね、つまらん話なんだが……」

そう前置きして話し出したのを要約すると、つまり高山氏が、夜、早乙女内侍の部屋にゆくと、彼女はフトンから飛び起きてキチンと居ずまいを正し、「ご主人様、夜中何の御用でございましょうか?」と開き直って寄せつけないので、さすがの高山も閉口して二の句がつげない、というのである。しかしそういう早乙女内侍の態度には、私自身にはうなずけるものがあった。といっても、彼女が人間であり、女性である限り、やがては彼女も一般の女性と同じ、世間並みの夫婦の道をたどるであろうことも疑いのないことであった。そこで私は、「何、そのうちにきっと子供ができた、ということになるよ。」と笑った。その後半年ぐらいたってから、再び私がその友人に逢った時、私は彼から高山夫人が妊娠したことを聞かされた。

初雪内侍

たしか大正二年の頃だったと思う。徳大寺公爵※の推薦で、皇后陛下のお控えとして入ってきた美しい娘がいた。

彼女は先祖に大納言をもつ高丸伯爵（仮名）の娘で、代々権典侍の資格のある

徳大寺公爵　徳大寺実則。元内大臣兼侍従長。

家柄であった。小柄な娘であったが、その美しさは美人の多い女官の中でも、もちろん世間でもまれに見るほどであった。彼女は丸顔で、眉が秀でていて、どこまでも冴えた二つの大きな美しい眼を持っていた。笑うと笑くぼが出た。しかもそれほどの美人でいながら、少しも険がなかった。彼女はその家柄からいっても、また推薦されてきたいきさつからいっても、当然権典侍になるべく運命づけられていたわけであった。彼女は部屋子《へやこ》として権掌侍の部屋にあずけられた。

ところが、この若くて美しい娘が、皇后陛下のお控えとして、しかも筆頭の権典侍になるために入ってきたことを知った時、一番狼狽したのは女官たちであった。彼女たちは、いい合わせたように嫉妬の炎を燃やした。それからというもの、この若くて美しい高丸伯爵の娘は、なじみのない奥の生活の中で、しいたげられ痛めつけられる日がつづいたのであった。もっとも殴られたり抓《つね》られたりするわけではないが、挨拶の仕方が悪いとか、物の持ち方がまずいとか、そういう何でもないことを口やかましく言われるのであるが、しかし全く世間知らずの若い姫君が皆からそういう風にやられた場合、一体どんな気持ちになるものであろうか。ましで、湯殿の流しに水を撒《ま》いて、その上を裸足で歩かされるようなことがあった場合、誰も頼るもののない奥深い御殿の中で、孤独な彼女は果たして涙を流さないでいられたであろうか。

とうとう侍従の方でも見るに見かねて、女官の方に彼女の処置をまかせてしまった。その結果、彼女は権掌侍に任官し、初雪内侍という源氏名を頂いた。それ以来彼女が特にいじめられるということもなくなった。

その後七年ぐらいたったある日のこと、私は私の家の主人筋にあたる池田侯※から不意に呼び出しを受けた。とりあえず私がお屋敷にお伺いすると、池田侯はいつも変わらぬ温和な態度で静かにいうのだった。

「ほかでもないが、君から一つ大森皇后宮大夫※に伝えてもらいたいことがあるのでね、それで呼んだのだ。一人の女官が承知すれば無事に収まることだから、宜しくお頼みすると、ただそう言ってもらえばいいのだ。ではお願いしたよ。」

それだけであった。私は直ちに宮中に引き返したが、道々池田侯の言われた言葉の意味を考えてみた。何気ないように言われたが、それだけに何か重大なことのようにも思われる。「一人の女官が承知すればそれでうまく収まる?」その一人の女官というのは一体誰のことであろうか？　また承知するというのは何を承

池田侯
池田禎政。旧岡山藩池田家第十四代当主。

大森皇后宮大夫
大森鍾一。内務官僚などを経て、一九一六年に皇后宮大夫に就任。

知することなのだろうか？　いろいろ考えてみたが、かいもく見当がつかない。そのうち私は、ふと、池田侯の言伝《ことづ》てである以上は、何らかの形で池田侯と関係のあることに違いないと思いついたのである。しかも一人の女官が承知をすればよいというのであるから、恐らくこれは女官のことかもしれない。問題はもう一人の女官にあるのだろう。そしてその女官が池田侯と何らかの関係がある者だとすると……、そこまで考えた時、私の胸裏にある一人の女官の姿が浮かび上がった。しかし、と私は考え込んだ。まさかあの女官に限って変なことが起こるはずがない、と思われたからであった。

私は家に帰ると、すぐ庭つづきの大森皇后宮大夫の官邸に行って池田侯の言葉を直々大夫に伝えた。ところが、このよく肥った赤ら顔の堂々たる恰幅の人物、京都府知事から皇后宮大夫になり、爵位までも貰った男、元帥※と話していても、いつも対等に見えるこの剛腹な男が、いつになく狼狽した様子で、叱りつけるように言った。

「この問題は君などが口をはさむことじゃない、ひっこんでいたまえ！」

私は呆然として退きさがるより仕方がなかった。考えれば考えるほど、納得の

元帥
山縣有朋。陸軍元帥大将。山縣が内務大臣だった時に秘書官を務めていたのが大森。

ゆかないことばかりである。私は池田侯の使命を果たさないばかりか、却って叱責されたような具合になった。あれやこれや考えるとシャクにもさわるし、気も滅入る。自宅に帰ってくると、そこに大森大夫からの使いがきていて、すぐ来てくれと言う。何がなんだかわけがわからないが、官邸に引き返して大森大夫の前に出ると、今度はさっきとは打って変わった言葉である。

「いや先刻は失礼したよ。思い出したんだが、君の家は池田の家臣だったんだね。」

いかにも済まなかったという態度である。

「それでわかったが、ところでだな、大石侍従と高丸権掌侍との問題には、ちゃんとした証拠が上がっているんだよ。だからこれはどうしようもないのだ。一つ君の方は、このことは絶対に秘密にして手を引いてもらえまいか!?」

と、さながら懇願する態度である。私は手を引くも引かぬもない、ただ池田侯の言葉を伝えただけである。もちろん、私は承知した旨を述べて引き下がったが、私としてはそんなことから却って秘密にされていた事件の内容にふれたことになってしまった。しかし初雪内侍が大石侍従に関係があるとは意外であった。なおいろいろ考えてみても、池田侯の言われた言葉と大森大夫の言葉との間には、どこか食い違いがあるように思われた。それはともかく、私は当の責任者である大森大夫から、直接に二人の関係があることを聞いたわけであるから、その時はそのことを信じたのであった。ところで、私はさっき池田侯と関係のある女官の姿を思い浮かべたといったがそれがやはり高丸権掌侍であった。というのは池田侯の姉にあたる人が、高丸権掌侍の兄のところに嫁に行っていたから、両家は親類であったのだ。

大石侍従というのは、少年の頃からいわゆる天皇陛下のお給仕、すなわち侍従職出仕をつとめてきた男で、出仕の時から奥に出入りをしていたのであった。この侍従職出仕というのは、明治陛下が貧乏侯爵の生計を保護される意向から、そういう家の少年をお側に仕えさせて、やがて成人すると侍従に任官させられたことが、その頃まで制度としても残っていたわけであるが、侍従職出仕は少年であるので、奥への出入りも自由になっていたのである。そういうわけで、大石侍従出仕は大人になって侍従に任官してからも、自然以前の習慣通りに女官のところへも出入りしていた。彼はまだ若く、色の白いきりっとした顔立の美青年であった。

さて、私は大森皇后宮大夫から手を引けといわれてその日は家に帰ったのであったが、その翌朝早く不意に父が私を訪れてきた。

父はいきなり私に向かって、

「高丸さんの問題はよほどの大事件らしい。お前ごとき身分では荷が重すぎる、早く手を引いた方がいい。」

そう言って、私が質問するのを恐れるかのように、慌てて帰って行ってしまった。私には父の言った意味がよく呑み込めなかったが、しかしいかにも逼迫《ひっぱく》した感じで駆けつけてきた父の様子を考えると、あるいは単なる男女間の恋愛事件ではなく、もっと複雑した問題が含まれているのかもしれない、そのことを父は池田侯から、ひそかに知らされたのかもしれない、と考えた。そして、もちろん自分から進んでかかりあう必要も意志もなかった。

高丸権掌侍と大石侍従は同時に退官になった。

これで形式上の結末は着いたのである。やはり二人は関係があったのだ、と思わないわけにはゆかなかった。なぜなら、退官になった二人からは何一つ反駁《はんばく》が行われなかったからである。といっても、私自身にはまだもやもやしたものが滓《おり》のように残っているのも否定できなかった。ところが、そこへもってきて大石侍従が退官してから後も、月に侍従職から千円ずつ御手当を頂いているという噂が耳に入ったから、考え直さざるを得ない。何のために大石に千円の手当を出さねばならぬのだろう？　もしもその金が御納戸金から出ているとすれば、外部には絶対に知れるものではない。知っているのは御納戸係の女官だけである。噂が女官筋からであっただけに、そこから漏れてきたということも考えられた。そうであるなら問題はやはり不可解である。しかしこうした噂も日のたつにつれて薄れてゆき、やがて皆の心の中からも消えてしまったかのように見えた。

その年も、毎年行われる年末の煤《すす》掃きの日がやってきた。この日は女官部屋はもちろん、奥のあらゆる部屋の煤を掃いて大掃除をするのであるが、私の同僚が某女官の部屋の煤を払っていると、ポタリと鴨居から一通の手紙が落ちてきた。何気なく差出し人の名を見ると高丸権掌侍から某女官にあてたものであった。後になってその手紙は私も見せてもらったが、その文面は、

「いくらでもよいから日本銀行の株券を買ってくれませんか。」

という意味のものであったと記憶している。その某女官というのは、九条家と姻戚関係があったから、皇太后陛下とは縁続きになるわけである。こともあろう

にその女官に対し、しかも普通では考えられない日本銀行の株券の購買を依頼した、ということはどんな理由があってのことなのだろう。私はその時になって、以前池田侯のいった「一人の女官さえ承知すれば収まる」という言葉を思い出した。一人の女官というのは某女官であったのかもしれない。その某女官と初雪内侍との関係は、初雪内侍が見習いの時、部屋子として某女官の部屋にあずけられたことである。この部屋子の女官との関係は、その部屋子が新たに女官に任官して独立して部屋をもってからも、何かことあるごとに、親女官は以前通りの威を振るうのである。いろいろと考えてゆけば、やはり何か重大な、秘密に処理せねばならぬ事柄がかくされているように思えてきた。が、やはり真実は何であるか、もちろんわかるはずがなかった。

初雪内侍はその後縁続きの武者小路家に出入りしていた神官と結婚した。それからどのような変転を経たのかは知らないが、恐らくその神官が灸点《きゅうてん》に詳しかったのであろう。一時原宿で灸点をやって相応に流行っているということも聞いたが、近頃新聞に「高丸灸」の広告が出ているのを見ると、やはり今も灸点師としては、それ相当の暮らしを立てているのであろう。

もう大分前のことになるが、恐らく十年ぐらい前になるであろう。私はある人から、「嫁さんの世話をしようと思っているんだが、その娘さんは大正天皇の御《ご》落胤《らくいん》だという噂がある人でね。」という話をもちかけられた。私はその時何かピンと頭に響くものがあったので、「その娘さんというのは高丸の娘さんじゃないのかね？」と言うと「そうなんだよ。」ということであった。

噂というものは、やはり噂であることが多い。大石侍従と高丸権掌侍との事件が起きた後、侍従職出仕の制度は必要なしということで廃止になったことを考え合わせてみれば、やはりここらで二人の関係に判断を下すのがよいのかも知れぬ。

言い忘れたが、大石侍従の方は後に関西に行って神官をしているということであった。

――御産殿秘話

明治の頃の女官たちの間には、嫉妬や葛藤が非常なものであったとは、私たちもよく聞かされ、またおよそ想像もつくのであるが、それがどれほど危険をはらんでいたものであり、またそれがどういう場合に爆発しかねないものであったか、私たちの想像の根拠になるのは、やはり皇子御誕生の時のことである。

すでに知られているように、大正天皇をお産みしたのは、当時の権典侍柳原愛子《なるこ》である。この柳原権典侍が皇子をお産みしたのは、青山表町一丁目の御産殿であったが、お産みすると間もなく川村伯爵※邸に移って、ここで柳原家の一族が御用掛となって皇子をお守りしてお育てしたのである。つまり他の女官たちから皇子を完全に隔離する必要があったのである。

このことについては、私自身直接には何も知らないのであるが、先輩の話などから想像してみても、どうやら女官の激しい嫉妬や反目と関係があるように思われる。また、明治陛下には大正天皇以外にも皇子がお生まれになっているのだが、そのどなたも生後間もなく亡くなられているので、そのことと女官の嫉妬、反目とをからみあわせて、いろいろな憶測を生み、いろいろなことが云われているのだが、これもやはり単なる憶測に過ぎないのかもしれない。

なお御産殿は後に三笠宮※がここで御誕生になり、引きつづいて三笠宮御殿となった。

川村伯爵
川村純義。薩摩藩出身。海軍軍人。

三笠宮
大正天皇の四男。

葛藤

以上のような問題は別としても、女三人寄れば姦《かし》ましいという言葉もあるが、ましてや女ばかりの大世帯が全く世間から隔絶して生活しているのだから、その間にいろいろな反目や葛藤の起こるのも当然といえよう。

昔は百間廊下に蛇《へび》を投げ込んで、気に喰わぬ相手の女官に悲鳴をあげさせたこともあったと聞いたが、事実はともかく、昔の女官の葛藤がいかに烈《はげ》しいものであったかが想像される。

私が仕人になってからは、女官の葛藤が表面にまであらわれるというようなことはあまりなかった。しかし女官が機嫌の悪い時に、こちらが用があって話しかけても口をきかなかったり、おじぎをしてもつんと澄まして知らぬ顔をしていたりすることがよくあった。機嫌の悪いのを見越すと、こちらも出向いてゆくのを控えたりした。そうするとたんに皮肉を浴びせてくる女官もあったほどだから、女官同士の間でも、恐らく口に出したり、行動にあらわしたり、あけすけにはやらないが、それだけに却って底意地の悪い葛藤が行われているに違いないと思っていたものである。

事実、私はその後の長い仕人生活の中で、そういう例をいくつも見聞きしたのである。彼女たちのやり方は、どうにも私達男にはやりきれぬものである。彼女たちは陰口を言う。その陰口はただ陰口をいうのではない。自分が相手の陰口を言っていることを、相手にわからせるようにやるというやり方である。例えば、隣の部屋に相手の女官がいることがわかっていると、殊更に大きな声で、その女官の悪口をいったりするるのである。

あるいは、また、何か女官に命令があったような場合に、特にその女官にだけ知らさないでおいて、何も知らない女官がそのことをやらないで失策をするように仕組んだりする。

明治が終わり、大正になって、明治からの女官と東宮職の女官とが合併した時には、この葛藤が表面化して、特にひどかった。それが彼女たちの間だけならまだしも、私達仕人にもそのとばっちりが常に飛んできて、大いに迷惑をしたものである。

例えば、私達仕人が旧女官と何かの用で話している時など、たまたま新女官が私たちに用ができた時に、すぐ私たちが行けばよいが、旧女官との用を済まして行ったりしようものなら大変で、後々までもその新女官の機嫌が悪かったものである。

なお、東宮職の女官はただの高等官であったが、大正天皇とともに宮中に移ってくると、初めて階級による女官の名称が与えられた。これによって以前に首席の高等官であった吉見が掌侍になり、その下にいた正親町が権典侍になって、二人の地位が変わったが、これは吉見が普通の出であるのに反して、正親町は、家筋が代々権典侍の家筋であったためである。

明治・大正女官始末記

昭和になると、女官の制度が簡単になって、源氏名はもちろんのこと、もはや権典侍も権掌侍もなくなり、人員も六分の一ぐらいに減員されたことは前にも書いた。明治と大正の女官も、制度こそは同じであったが、女官の性格そのものは、かなりはっきり区別される。

明治の女官たちは、子供の頃から見習いとして奥深く宮中に入り、やがて成人して一人前の女官になって一生奉公したのであるから、全く世間知らずであった。また典侍、権典侍の中には、皇后のお控えという意味のものもあったから、おのずから考え方も違っていたわけである。誤解を防ぐために言っておくが、典侍、権典侍は官制にある役目であって、決して陛下との御関係を意味するものではない。それが大正になると、家柄こそ重んぜられたが、女官は皆女学校を卒業してから入ってきた人たちで、また皇后のお控えという意味も全く失われた。ここに根本的な相違があるわけで、別な面からいえば、大正になって初めて皇室の御夫婦関係が近代化されたともいえるわけである。

それでは、まず明治の女官たちはどうなっているか、思い出すままに書いてみよう。

柳原（愛子）権典侍は、孝明天皇の皇后であった英照皇太后に十四、五の時からお仕えし、その後明治になってから宮中に入ってきて権典侍となり、早蕨典《さわらびのすけ》という源氏名を戴いた。この人はいかにも大宮人といった感じを遺憾なくもっていた人で、小柄な細面の美しい淑やかな人であった。大正天皇をお産みしたのはこの人で、天皇が御即位になると同時に二位局を贈られた。局は平川町に下がったが、やがて信濃町に屋敷を賜った。この時には準皇族の待遇を与えられ、宮内省から男女四名の官吏が行って仕えた。その頃は、二位局が足繁く宮中に出入りされたのを記憶している。この人は八十を越えてから亡くなったが、亡くなると同時に一位局を贈られた。

なお、この人と柳原白蓮《びゃくれん》※とはよく混同されるが、白蓮はこの人の姪にあたる。竹田、北白川、朝香、東久邇の四宮の妃殿下は、いずれも園（祥子）権典侍がお産みした方々である。この人はその他にも三、四方お産みしているが、みな夭折《ようせつ》された。園権典侍は小菊典《こぎくのすけ》という源氏名を戴いていたが、私が知った頃には顔にホクロの多いお婆さんであった。大正になってから青山六丁目付近の自邸に下がったが、しばらくは宮中の習慣が抜けないで、植木屋などが入ってくると、顔色を変えて部屋の中に逃げこんだものだと聞いている。終戦後八十近くになってから亡くなった。亡くなってから従二位を贈られた。

女官はどういうものか長命である。千種（任子《ことこ》）典侍の源氏名は花松典《はなまつのすけ》である。この人はお一方お産みしているが、やはり夭折された。大正十年頃、市ケ谷の自邸に下がったが、その時はたしか六十を過ぎていたと思う。最近亡くなった万里《までの》

柳原白蓮
柳原前光伯爵の娘。九州の炭鉱王である伊藤伝右衛門と結婚するものの、東京帝国大学の学生であった宮崎龍介と出会い出奔、新聞でその状況が伝えられるなど、大きな話題となった。

小路（袖子）権典侍は皇太后職にいたが、昭和になってから女官として皇后陛下にお仕えして、御陪乗※などしていたが、後に木下謙次郎※氏のところに嫁した。書の非常に上手であった正親町《おおぎまち》（鍾子《あつこ》）権典侍の源氏名は松風典《まつかぜのすけ》。目黒の自邸に移ってからも、戦時中であったが、しばらくは皇太后職の御用掛として通っていた。この人もやはり七十四、五になる。

その他、権典侍で変わった経歴を待っているのに山口正子がある。この人は五辻子爵の娘で、明治には権典侍であったが、家の事情から山口子爵と結婚して二児をあげ、未亡人になってから、すでに大正に変わっていたが、再び女官になり、その時には権典侍になった。ところが、その当時帝大の学生になっていた子息が、赤の関係から警察に検挙されるという事件がもち上がったので、責任を感じて、直ちに辞表を出して自邸に下がった。その時には自分の子供のことが新聞に出ることがわかっていたので、その新聞に出る前に辞めなければならぬということから、僅《わず》か三十分ほどの時間で自分の荷物をまとめて慌てて下がっていった、と聞いて驚いたことがあった。

明治時代に御用掛をしていた日野西子爵の娘※は、当時兄※が侍従をしていて、権

御陪乗
身分の高い人の供として同じ車に乗ること。

木下健次郎
これは誤り。万里小路ソデの夫は政友会で衆議院議員を務めた猪野毛利栄（いのけとしえ）。

日野西子爵の娘
日野西薫子。

兄
日野西資博。侍従。

典侍にあげるつもりで陛下に拝謁したのであったが、その後陛下が崩御になり、大正になってから権掌侍に任官して山茶花《さざんか》内侍という源氏名を頂いたが、後に辞めて村井吉兵衛※に嫁した。

なお、明治末期に権典侍として上った今園文子は、家の都合で竹内子爵の分家に嫁いだ。

大正になってから入ってきた女官のうち、清水谷権典侍（紅梅典《こうばいのすけ》）は、いつの間にかもう五十になっているが、皇太后陛下の御陪乗などをしていたという。大原権掌侍も御薨去まで皇太后殿下にお仕えしていた。千種梁子《やなこ》権典侍（海棠《かいどうの》典《すけ》）は昭和四年頃退官して実業家と結婚した。高丸権掌侍、園生寺権掌侍は本文に書いてある通り、西御門多津子権掌侍（千代松内侍）も前に書いたように大膳職の膳手《ぜんしゅ》と結婚した。梨木登女子《とめこ》──椿命婦《つばきのみょうぶ》も辞めて坂東という実業家に嫁した。北村民江権命婦も銀行家と結婚した。判任女官（女孺）の岡本定子、昌子の両人も嫁に行った。

なお、竹屋子爵家から上った権掌侍の竹屋津根子（山桃典《やまもものすけ》）は、つい二、三年前まで勤めていて、老年のために辞めたが、その妹は現在の女官長である。

村井吉兵衛
実業家。村井財閥を形成。

明治、大正時代に、女官がお暇を頂いて他に嫁ぐということはごく異例なことだったので、記憶に残っているままを書いてみたのである。

義宮正仁親王

皇太子

清宮貴子内親王

順宮厚子内親王

秩父宮雍仁親王、同勢津子妃

高松宮宣仁親王、同喜久子妃

三笠宮崇仁親王、同百合子妃

東久邇盛厚氏の一家。成子夫人は元の照宮内親王

呉竹寮。皇子修学所として、昭和七年(1932)の三月、宮城内の旧本丸に建てられ、同四月照宮内親王が葉山御用邸より本寮に入った。呉竹寮の御名は、明治天皇の御製「呉竹のなほき心をためずしてふしある人におほしたてなむ」とあるに因んで、命名されたとのことである

昭和天皇第三皇女孝宮和子内親王は、昭和二十五年(1950)五月、元公爵鷹司信輔氏の長男平通氏と結婚した

昭和二十二年(1947)皇族お別れの会が、赤坂離宮で催された

本丸三重櫓。坂下門の右側に見え、普通富士見櫓と呼ばれているが、世に八方正面の櫓というのがこれであり、江戸時代の面影を今日にのこしている。ここには宮中の器具類や建築材料が置かれている

坂下門。二重橋の右手にあり、今日では宮内官の通勤、高官の参内、および一般人の参入にもこの門が使用されている

乾門。本丸の西北にあり、二重橋などに詰めている近衛兵の通行に使用された

吹上御苑。旧西城の西北にあり、城垣と城濠でめぐらされている。天皇皇后の運動場もあり、植樹の仕立場として温室の設備もある

同水田＝(御圃場)。天皇の試作にかかる圃場は、水田と畑地に分かれている。その試植の品種は水稲七種、陸稲十四種の多きにおよんでいる

浜離宮（松・鷹・燕の茶屋）。徳川時代には浜御殿と呼ばれ、将軍の鷹猟をする場所であったが、明治三年（1870）に宮内省の所管となり離宮に編入された。離宮の大半は景勝絶佳な庭苑と鴨場よりなっているが、江戸時代に築かれた名苑は、その面影のまま保存されている

芝離宮。芝浜松町にあり、恩賜公園として一般に公開されている

乾門内並木道。乾門から局門をぬけ宮内省に通ずる両側には、桜などの並木道がある。この並木の左手の土堤の下には清流が流れているが、東京で一番初めに蛍が出るところとされている

第三部

皇室・皇族の御生活

御殿

皇居の御模様

宮殿が完成したのは明治二十一年で、その付属の建物を合わせると総建坪一万二千七百坪という広壮なものであった。それが昭和二十年五月二十五日、直撃弾を受けて燃え上がった参謀本部の火が、風速二十二メートルの烈風にあおられて宮殿に燃え移り、たちまち灰燼《かいじん》に帰したのである。

この宮殿の柱は、一尺幅のカンナを使って、途中で手を止めずに、一気に削ったと伝えられている。材料も、それをこなした職人も特に粒選りに選りすぐったものだったことはもちろんであろう。

宮殿の構造は、銅瓦葺《どうがわらぶき》、入母屋造《いりもやづく》りの総檜《そうひのき》の日本風であるが、内部は桃山風とドイツ風とを調和させた華やかな美しいものであった。

宮殿には、御車寄、正殿、豊明殿《ほうめいでん》※、鳳凰《ほうおう》の間、桐の間、千種の間、竹の間、牡丹《ぼたん》の間、葡萄《ぶどう》の間をはじめ、西一の間、西二の間、東一の間、東二の間、東《ひがし》

豊明殿
宮殿内の殿舎の一つ。供宴場・宴会場として造営された。

御陪食
身分の高い人と一緒に食事をすること。

四大節
前述した三大節（四方拝・紀元節・天長節）が

溜《たまり》、西溜、南溜、北溜などがあった。

皇居の正面玄関は御車寄で、これは二重橋正門からの正面にあたるが、行幸および両陛下お揃いの行幸啓（皇后陛下おひとりの行啓の場合は北御車寄からお出ましになる）、外国使臣の公式の参内、三大節に御陪食※を賜る高官などの参内には、この御車寄が用いられた。

坂下門から宮殿にゆくと東御車寄があるが、これは一般の拝謁、御陪食、親任式などで参内する時の出入りに使われた。

正殿は御即位式、軍旗授与式その他の儀式に使われた。

豊明殿は宮中における宴会場で、四大節※の御祝宴、御陪食などに使われた。

鳳凰の間では外国使臣、重臣の公式拝謁、政治、御歌会始《おうたかいはじめ》※、御講書始《ごこうしょはじめ》※などの儀式が行われた。

桐の間は皇后陛下の御謁見所である。

千種の間、竹の間、牡丹の間はともに控えの間で、小さな宴会などにも使われた。

豊明殿の前庭では四大節には舞楽が奏せられたが、その前庭の東に「東溜」、西に「西溜」があり、ともに儀式の時の皇族方の控えの間になっていた。また東

昭和になると天長節は四月二十九日となり、十一月三日は明治節となって四大節となった。

御歌会始
天皇が年のはじめに催す歌会。少なくとも鎌倉時代中期ごろから始まり、近代に入ると一般の人々も詠進歌として選ばれて詠まれるようになった。一九二六年の皇室儀制令で制度化された。

御講書始
毎年一月に天皇が皇后とともに人文科学・社会科学・自然科学の各学問分野の権威者から説明を聞く儀式。一八六九年に明治天皇が学問奨励のために定めた御講釈始から始まった。

宮殿平面図

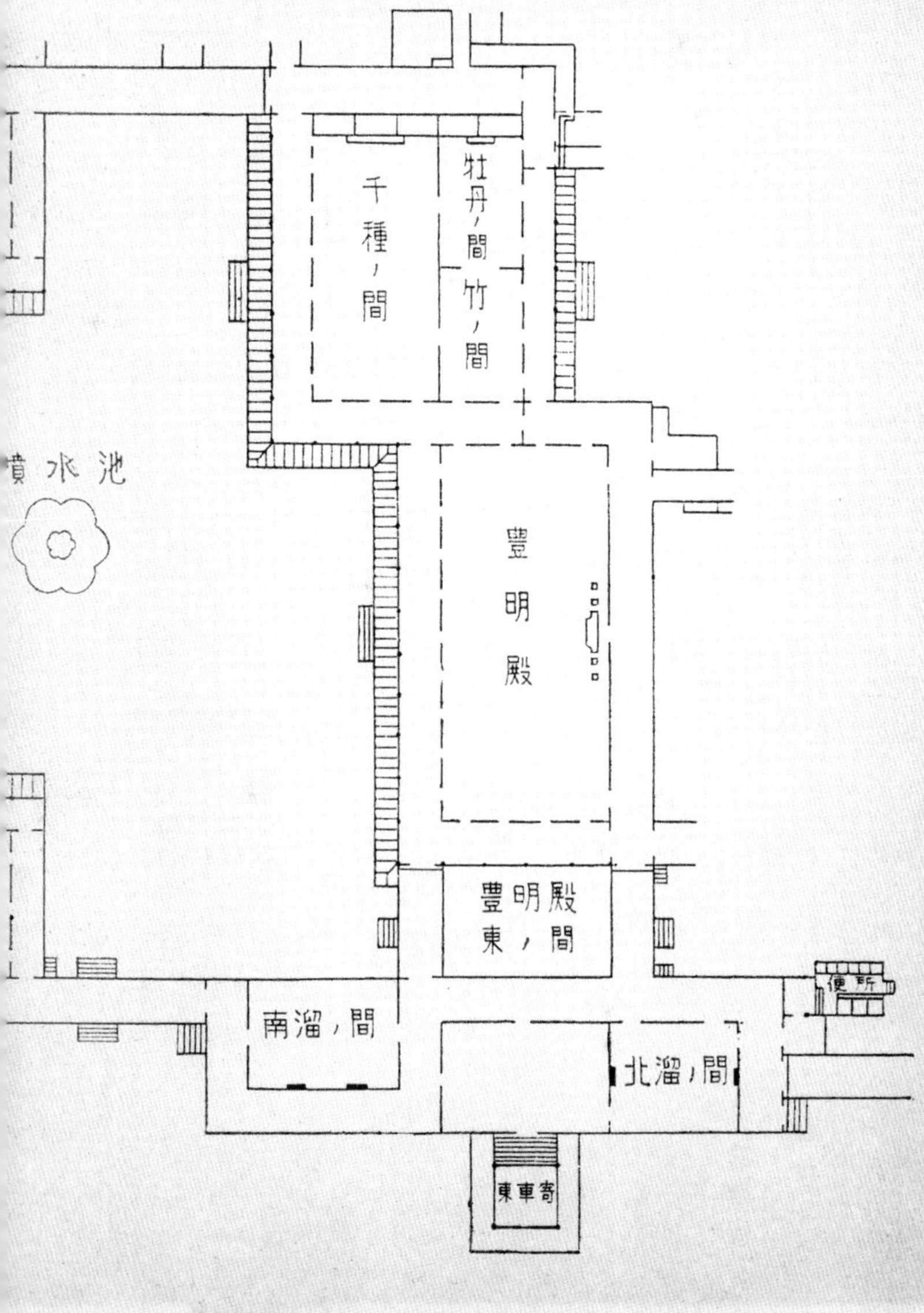
千種ノ間
牡丹ノ間
竹ノ間
噴水池
豊明殿
豊明殿東ノ間
南溜ノ間
北溜ノ間
便所
東車寄

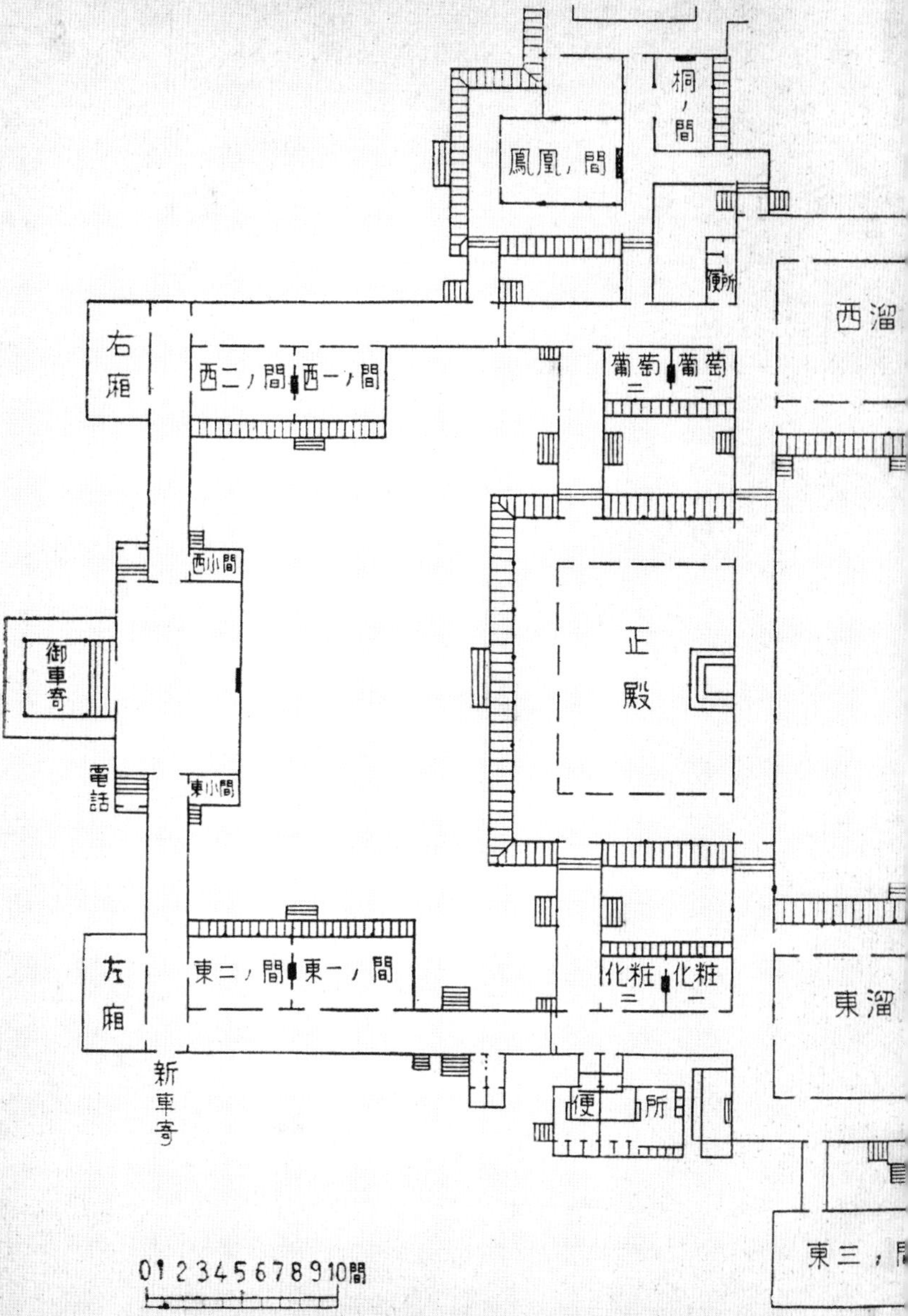

桐ノ間
鳳凰ノ間
便所
西溜
右廂
西二ノ間
西一ノ間
葡萄二
葡萄一
西小間
御車寄
正殿
電話
東小間
左廂
東二ノ間
東一ノ間
化粧二
化粧一
東溜
新車寄
便所
東三ノ間
0 1 2 3 4 5 6 7 8 9 10間

溜は枢密院《すうみついん》会議に用いられた。

東御車寄の正面の左右には「南溜」「北溜」がある。南溜は叙位、叙勲、宴会の控えの間、平素陛下に拝謁する際、茶菓を賜る控えの間として用いられた。北溜は二間になっていて、錦鶏の間と麝香《じゃこう》の間の人々の参内の際の控えの間であった。

表御座所《おもてござしょ》

宮殿の鳳凰の間、桐の間から廊下を通じて表御座所へ行くことができる。つまり陛下は表御座所から直接宮殿にお出ましになることができるようになっている。

表御座所というのは陛下が日常の政務を御覧になるところで、ここで皇室に関する奏上も聞かれた。また普通の拝謁もここで行われた。また御学問所として、日常の御学課、臨時の進講などもここで聞かれた。

この表御座所から廊下をへだてて段を下りると、左側に侍従詰所、右側に侍従長、内大臣の室、その隣に内大臣秘書官室などがあり、その廊下を右に曲がって、侍従武官長室の前を通りすぎてゆくと宮殿の入口になる。ここを曲がらずにもう一つ先を右に曲がると、やはり宮殿に出るが、そこに仕人と内舎人《うどねり》の詰所がある。ここを左に曲がるとすぐ階段で、これは内閲所に通じている。表御座所の背面には御庭があって、その向こうは土堤になっているが、その土堤の後方が桜田門にあたる。この表御座所からやはり廊下で直接に天皇、皇后両陛下のお住まいである御常御殿《おつねごてん》に通じる。

御常御殿《おつねごてん》

女官候所から廊下をへだてて段を登ると、そこからが御常御殿になる。

御常御殿は聖上殿《せいじょうでん》と皇后殿に分かれるが、皇后殿というのは聖上殿を小さくしたような建物で、聖上殿から渡り廊下でゆくことができる。ここでは聖上殿について書いてみる。

女官候所から段をあがって聖上殿に入ることになるが、女官候所側はこの建物からいえば背面になっていて、そこに三つの部屋が並んでいる。真ん中が明治陛下の御寝所で、その部屋は大正になっても御使用にならず、記念の御部屋として明治陛下御在世の時の模様そのままに残されていたものである。その御寝所の右が剣璽《けんじ》の間※で、左に床の間のついた御部屋があるが、恐らくこの部屋を大正天皇は御寝所とされたのではあるまいか。また昭和になってからは別に洋館をお建てになって、両陛下御一緒にお住まいになったから、その大正天皇の御寝所もそのまま記念として残されていたのではないかと考えられる。表にはやはり同様に三間ある。この六つの部屋のうち剣璽の間が畳であるのを除くと、すべて緋の絨《じゅう》毯《たん》が敷かれていて、和洋折衷であったと思うが、中間の二部屋は十六畳あまり、他は十四畳ぐらいであった。

また明治陛下の御寝所は、碁盤縞に一尺二寸幅の柱を立て、その間に五分板の同じ長さの箱を詰めて、その上に畳を敷き、畳の上に絨毯が敷いてあった。これは恐らくすべての部屋も同様であったろう。

部屋の周囲には畳廊下があって硝子戸《ガラスど》が立ててあるが、その他が四尺の縁側になっている。縁側の端から一寸ひっこんで、手すり欄間《らんま》が周囲を囲んでいた。表の中央には手すりのついた階段があり、そこを降りると玉砂利の敷かれたせまい駒寄《こまよせ》※になっていて、小さな白木の門が立っている。つまり四角な神社の建物を考えれば想像がつく。この建物の周囲をわずかに離れて御影石が敷いてあり、そ

剣璽の間
剣璽は三種の神器のうちの剣と玉のことで、御所の天皇の寝室の隣に土壁に囲まれた塗り籠めの剣璽の間があり、そこに剣璽が安置されている。

駒寄
人や馬の侵入を防ぐため、城塞や人家の門前に設ける竹や角材の柵。

の内側を二尺幅の玉砂利が囲んでいる。御常御殿の庭は二千坪もあるが、正面白木の門を出てしばらくゆくと、土堤が高くなっていて、その土堤はそのままの高さで広い芝原になっている。その芝原を左にゆくと御馬場であるが、斜右《ななめみぎ》に蔵が二つあって、それを通り越して真っ直ぐにゆくと間もなく濠《ほり》があり、塀のない門（坂下門のように立派なもの）が立っている。その門を出るとすぐ左右に道が分かれ、右にゆくと賢所《かしこどころ》※にゆくことになり、左にゆくと二重橋の方に出る。

皇后殿は聖上殿の正面からは左に廊下を渡ってゆくことになるが、そのずっと左手に高い土堤が見える。その土堤にはうっそうと大木が茂っている。この土堤の切れたところがいわゆる内苑門《ないえんもん》である。

賢所
宮中で、三種の神器の一つである八咫鏡（やたのかがみ）を祀る場所。宮中三殿の一つ。

陛下の御日常

陛下の御生活の中には、むろん世間一般では想像も及ばぬことがある。しかしそれは別に述べることにして、ここでは一日の御生活の概略を述べてみたいと思う。

宮中では陛下のお寝《やす》みになることを「御格子《みこうし》」といっている。恐らく「御格子」の中にお寝みになるという意味で、昔から伝わっている言葉なのであろう。この「御格子」には「表御格子《おもてみこうし》」と「奥御格子《おくみこうし》」の二つがあって、表御格子は当直の宮内書記官から発令されて、仕人が「表御格子」とふれて歩く。この表御格子で当直宮内官が寝るのであるが、時刻は十時である。奥御格子というのは、実際に陛下がお寝みになった時刻で、この時刻には側近者のみが起きているから、皇后宮職から発令されて、やはり「奥御格子」と仕人がふれて回る。この奥御格子で、大膳寮※、侍医寮《じいりょう》、侍従武官府《じじゅうぶかんふ》、侍従職、皇后宮職の側近者が初めて寝ることができる。同時に奥との境界になる御錠口の扉を閉めて鍵をかけ、その他に仕人が不寝番に立つ。女官は候所の脇で不寝番をする。この御錠口の扉は「奥御格子」と共に閉めてしまうと、もうよほどのことでもないと開かれない。

この不寝番の外に、大正の中頃までは自身番というものがあった。これは陛下の御寝所に近い両側の部屋に侍従と女官が不寝番をしたもので、直接の護衛の役である。

朝のお目覚めのことを奥では「おひる」といっているが、この「おひる」にな

大膳寮
宮内省の部局で、供御や饗宴に関する事務を担当。一九〇七年に大膳職に改称。

ると、やはり皇后宮職の仕人が側近の事務所にお目覚めを知らせて歩く。それより先に、女官は御常御殿の外回りの部屋を掃除してしまう。同時に仕人は御縁側を掃除する。その頃になるとすでに数十名の植木屋が御常御殿のお庭の掃除に入ってきているが、仕人はその植木屋の監督もする。陛下がお目覚めになって雨戸が開くと、それを合図に仕人は植木屋の人員を調べて外に出してから、掃除が済んだことを知らせるためと、清めの意味で、拍子木を叩く。

一方侍従職では、侍従が十人ぐらいいて、交替で当直しているが、毎朝陛下のお目覚めと同時に当直侍従は衣冠束帯※で、仕人を従えて、馬車または自動車で賢所に行って陛下の御代拝《ごだい》を行うのである。これが朝の行事である。

両陛下の御食事は、朝は大抵牛乳に鶏卵にパン等で、皇后陛下は普通の和食をおあがりになったようである。昭和の陛下は御一緒にお食事のようであるが、大正、明治はそうでなかったと思う。

晩のお食事は、大正の頃は六時から八時までの間で、そのお食事のかたわら政務の残りを御覧になった。これは侍従が御陪食申し上げて四方山《よもやま》のお話を申し上げ、また、御下問《ごかもん》にお答えするのである。後にも述べるように、明治陛下の時は、

衣冠束帯　平安後期に生まれた公家の正装。

六時から十時四十五分までは必ずお食事のかたわら侍従を相手に一日の残務を御覧になった。このように、昔から内閣や陸海軍の上奏物、その他一般の上奏書類は、御食事中または御食事後の御格子までに御覧になる定めになっていた。

皇后陛下は、政治以外の上奏物はすべて御覧になるということであった。それで、もし飛行機などの事故があると、直ちに侍従武官を御差遣《ごさけん》※になって、その模様を直接お聴きになる。それに対しては、大臣官房から御弔慰の金品についてお伺いを立てるから、それを両陛下が御覧になって御認可が下がる。それから新聞に発表される順序になる。

また、各宮家で公務や私事で旅行する時には、必ずこれをお届けするし、帰着すればするで御報告申し上げるが、これは宮家の事務官から宗秩寮《そうちつりょう》※に届けられる。これらのお届けはすべて両陛下が御覧になる。こうして両陛下が一日に御閲覧になる書類は非常に多数に上るので、一般に考えるように両陛下にはあまりお暇がないのである。

御差遣
公の使節として派遣すること。

宗秩寮
宮内省の部局の一つで、皇族・皇族会議・朝鮮王公族・爵位・華族などに関する事務を担当。

今上両陛下のこと

今の陛下※については、私は何一つ御逸話らしいものを思い出せない。まことにお人柄である。が、一つ私に思い起こされるのは、陛下が御幼小の時のことであるが、蝶やトンボを捕獲されても、ただ捕獲してお喜びになるというのではなくて、それについて細かく研究されたことだ。そういう獲物はすぐ仕人に命じて当時御用掛をしていた駿河台の服部博士※のもとへ自動車で届けさせられた。服部博士はまた、東宮御所で殿下に進講する時には、その蝶やトンボについて詳しく御説明申し上げたということである。これなど後年の生物学者としての陛下を御想像申し上げる手がかりになるものであろう。また稲の研究にも御熱心なことは周知の通りである。

摂政宮でおいでになった時に、侍従長などが殿下に何か献上したいが、どういう物がよかろうか、とよく女官が相談を受けたものであったが、そういう時に女官が、今殿下はこういう物をお求めになっているとか、こういう物をお好みであ

今の陛下
ここでは昭和天皇のこと。

服部博士
服部広太郎。生物学者。昭和天皇に生物学を教え、皇居内の生物学研究所の開設に関わった。

るとか説明すると、それを参考にして献上したものであった。すると殿下は、あれは、自分が求めたいと思っていたものだ、と必ず心をこめて礼を言われたということで、何事にもよく気を配っておいでになった。これは相当時間がたってからでもそうであったので、非常に御聡明であると、皆が噂をしていたものである。

皇后陛下についても、すでにいろいろと語られているので、それはほぶくが、ある時、宮様方と御一緒に御団らんの時のことだと記憶しているが、照宮様※がどこかに行かれて見えなくなられた。それで皇后陛下が女官に探してくるように仰せになった。女官はすぐ探し出したのであるが、その時皇后陛下が、「照坊はそこにいたの！」という風に言われたので、女官たちは驚いてしまった、ということである。世間で一般に使っているような言葉が皇后陛下のお口から出たので、こういうことはあり得べからざることだと思っていた女官たちには、非常な驚きであったのだ。

こういう風に、皇后陛下は少しも格式張らないいたって平民的な明朗なお方である。それがまた一部の古くから宮中にお仕えしていたものたちには、従来の皇后陛下と比較してみて、そのあまりにも大きな違いに、とかくいろいろなことを

照宮様
照宮成子内親王。昭和天皇の長女。

言うようになるのである。

両陛下が御成婚後、歴代の天皇、皇后とは違って、御運動の際など外国風に腕を組んでお歩きになった。こういうことからもわかるように、御生活の内部からすでに違ってきているので、それが女官とか、その他の制度などにも、直接影響しているわけである。

――御歌所《おうたどころ》と御歌会始《おうたかいはじめ》

大正の中頃であったと思うが、皇太后職の大松伺候《しこう》が奥から退ってきて、「皇太后陛下が『大変な世の中になったものだ』とおっしゃった」、と私に話したことを覚えているが、それは御歌所の寄人《よりうど》※が、陛下の御歌に朱筆で添削して御覧に入れた、ということをさして言われたものだという。以前は陛下の御歌を寄人がお直しすることはなかったのだそうである。もっとも明治陛下の御歌は秀《すぐ》れて御立派であったから、寄人がお直しするどころではなかったのであろう。その明治陛下の皇后陛下であられた方の御言葉であるから、あるいは別な意味でおっ

寄人
御歌所の職員のこと。

しゃったのかもしれない。

世上にも知られているように、明治陛下の御歌は十万余ということであるが、民間に発表されたものは、わずかに千五、六百に過ぎない。これに関係した寄人には新旧二派があって、そのために議論が対立して御歌の発表が思うようにならなかったのだと聞いているが、佐佐木信綱らがその議論の直後退官し、昔からの御歌所の流儀を守っていたものだけが残ったことは周知の通りである。

年々勅題が出て、宮殿の鳳凰《ほうおう》の間で行われる御歌会始については、その選歌のみが新聞に発表されるが、一般から献詠する歌はどうなるかというと、これは毎年三万通にも上り、上下の区別なくすべて大行李《だいこうり》三杯に納められ、陛下の行幸の時にさえこれを持って回って、お暇のおりおりに全部御覧に入れることになっているのである。御歌会始には選歌だけを詠み上げて発表しているが、こうして選にもれたものも、一度は必ず陛下が御覧になっておいでになるわけである。

また、宮中の行事として、年末年始には参内者以外の人から、暮れには電報で、正月には奉書で賀状が全国から上るが、いくら年賀は奏任官以上ということにはなっていても、それらの電報や賀状は山と積もれるほどである。それを明治以来、全部御手許に提出していたのだが、大正天皇がそれを御覧になるのに健康を害されたということもあって、昭和には総員のみを御報告するようになった。

三大節の御陪食《ごばいしょく》

宮中で三大節の宴会がある度に、私はいつも妙な期待をもつ。今にあの頑固親爺がやってきはしないかと、御陪食にあずかった大勢の人たちが御車寄にぞくぞくと集まってくる中から、私はあちこちと彼の姿を探してみる。

彼はいつも自動車でやってくる。運転手が自動車の扉を開けると、まず彼のあの髭《ひげ》を生やしたいかめしい顔があらわれて、睨《にら》むように御車寄の中を見る。それから陸軍少将の礼服をつけて、いくつも勲章のぶら下がった頑丈な体が斜めにゆれるように出てくる。その時に、仕人の誰かが彼を見つけて駆けつけてゆかなかったら、それこそ大変である。たちまち長い軍隊生活できたえられた彼のあの野放図もない大きな声が、まるで大砲のように容赦なく仕人の周りに落下するのだ。

だから、大抵の場合は彼の自動車が着くやいなや、仕人が駆けつけて行って、彼の腕を支えてやる。すると彼はおもむろに右脚を地面へ下ろして、それから片方の脚を出す。その足は弱々しく垂れ下がっている。彼は片方の肩を杖で支えて仕人に抱かれるようにしながら、一段一段御車寄の階段を登ってゆく。このお目出度い佳日に何がシャクにさわるのか知らないが、彼のいかめしい顔はついに少しも崩れないで、溜まりの間に行ってやっと腰を下ろす。彼は日清戦争で名誉の負傷をした佐藤某少将※である。

この御陪食の日には、私達仕人は詰襟に金モールの御紋章を散らした黒ラシャの大礼服を着て、黒のエナメル靴をはいて、白い手袋をはめている。

その勿体ぶった服装で、私が集まってきたお客様たちを眺めた時、私は急に小さくなってしまったような錯覚に陥ってしまう。見る人見る人ほとんどが胸いっぱいにぴかぴか光る勲章を垂らしている。肩には幅広い色とりどりのタスキ（綬《じゅ》）をかけている。袖には金モールが巻きついている。七色の宝石と金属が燦《さん》然《ぜん》と入り乱れて動き回る。私にはもう人の顔などわからなくなる。どれもこれも勲章に見える。事実勲章を持つ人間の顔は、その勲章並みの名誉と誇りをむき出しにしているのであろう。だから勲章と勲章とが出逢うと、位の高い勲章に対し

佐藤某少将
佐藤正。日清戦争中の平壌攻略戦の最中、銃弾を受け重傷を負い、左足を切断する。その後、宮中顧問官などを務める。

て低い方の勲章がへり下った挨拶をする。

ところで、御陪食が終わって、陛下がお立ちになってしまうと、どうであろう!?　あの胸に垂らした勲章が、金モールが、タスキが、消えてなくなって、不意に人間がしみったれた顔をつき出してくるのだから妙なものだ。


三大節の御宴会は、明治では豊明殿だけで行われたが、その後大正になって、御陪食を賜るものがふえてからは、南溜《みなみだまり》と東溜でも行われ、それには御名代として皇族が御出席遊ばされることになった。

何分二千人に余る多人数のことであるから、その準備がまた大変である。この準備は全く大膳職のみによって準備される。大膳職では常日頃から、四尺もある大皿に寿司などピラミッドのように積み重ねて、それを持ち運ぶというような訓練ができているから、いかに大勢の客があっても困ることはないのである。

御陪食を賜った人たちは、あらかじめ式部職から席番号の書いてある札を貰っている。であるが、何分広い部屋の中に幾列にもテーブルが並んでいるので、どこに座ればよいのかわからない。そのため休息所には地図が貼り出されて、一の側、二の側、三の側という順にわかり易く番号を入れて書いてある。会場にも立て札が置いてあり、テーブルに番号札が立ててあるのは、一般のそういう宴会と同じである。

テーブルは春慶塗の六尺卓で、それがいくつも並び、白のテーブル掛けがかけてある。椅子は黒塗りの肱掛《ひじかけ》椅子で、金の御紋散らし、紫の布が張ってある。

料理の膳には島台がつく。この島台の上には必ず造花の松竹梅と本物の羽毛で造った鶴が置かれて、その間に料理が並べられる。その料理はしんじょうなどの寄せものだったと思う。二の膳は刺身、鯛の塩焼き、茶碗むし、吹寄せに味噌あん、切寿司など、一般の祝い料理とかわりないが、魚はどの膳の魚も同じ大きさの六、七寸の魚で、よくもこれほど何百という同じ大きさの魚があるものだと驚くほどである。この魚には金銀の水引きがかかり、化粧がしてあるから、実に見事なものである。

さて、定刻になって、一同席に着くと、立て札が取りのけられる。しばらく椅子のぶつかる音や、靴の音で騒々しいが、やがてそれも聞こえなくなり、ときたましわぶきが聞こえるくらいになって、ついに完全な静寂が訪れる。その時を見計らったように陛下がお出ましになる。

一同起立、陛下のお言葉があり、総代が奉答してから食事がはじまるのであるが、むろん陛下がお箸をお取りになってから、皆が箸を取るのである。その箸は柳の丸箸である。

私達仕人は白の手袋をはめた手に、銀の酒壺を持って天盃《てんぱい》に酒を注いで回る。酒壺は普通の銚子より尻が重くなっていて、三合ばかり入るかなり大きなものである。天盃は瀬戸で、中に金で桐鳳凰と菊の御紋が書いてある。底が浅く広がって、約七勺ほど入る大きなものである。この天盃で何杯も飲む人もまれにはいるが、酔っ払うというほどのことはない。酒が入ると食事も幾分ざわつくが、これもたいしたことはない。大抵の場合、約一時間ばかりで陛下がお帰りになるのであるが、お帰りになると同時に、紙の音が大変になる。誰も彼も天盃はもちろん膳の上のものを包もうとして大騒ぎをするからだ。どれだけ多く上手に包めるか、もはや勲章の威厳はどこにもない。私には高官たちの顔が、その時になって、初めて人間らしいいろいろな顔に見えてくるからであった。

後に昭和になって、あの紙で包む騒ぎはどうにも恰好のよいものではないということになり、大膳職で折箱を用意して、皆に配るようになった。

行幸啓《ぎょうこうけい》

御出発

陛下の行幸啓ともなれば大変である。

あらかじめ時間はわかっているのであるが、出御の時間になると、係の仕人が「供奉《ぐぶ》回り！」と大声であちこちの各官房にふれて歩く。すると高官たちはフロック・コートに威儀を正して、ぞくぞくと御車寄に詰めかけてきてお見送りをする。それと同時に供奉の人たちも玄関に出て陛下をお待ちする、という具合であるが、こういう時に、明治陛下はいつも発表になった時間通りに出御されて、一分とお違えにならなかったものである。

陛下が表御座所をお出ましになると、同時に内舎人《うどねり》が素早く陛下のお手回り品をカバンに詰める。そのカバンは必ず七個で、七個に詰めると、仕人が四五名手伝って、直ちに裏から馬車に乗って駅に先着するのであるが、なにしろ時間が逼迫している。夢中で詰めて夢中で馬車に乗せる。馬車が動いてから、やっと冷静に返って、さてカバンは皆積んだろうかと数え直す始末で、「あッ！　あれはどこに入れた？」「あれはこのカバンだ！」「六個しかないぞ！」「いや、ここにも一つある！」等々、全速力で馬を飛ばす馬車の中で、ひとしきり仕人たちが大騒ぎをするが、在職中一度も間違いのあったことがないのだから、考えてみれば不思議な気もする。

さて、いよいよ陛下は高官たちのお見送りのうちに、宮廷列車で行幸啓の途に上られるわけであるが、その宮廷列車にどういう準備をするかというと、まず御《お》厠場《とうば》※の準備をする。もちろん、宮廷列車の内部には便所の設備があるわけであるが、それとは別に陛下の御厠場をつくるのである。この御厠場は組立式になっていて、金属製の棒を組み立て、四面を厚い緞子の布で囲う。その中に、ちょうど中央に円形の穴のあいた箱になるようになっている板を組み立てる。この板には絨毯が張りつけてあって、用を足される時には、その絨毯の上にお乗りになることになる。この箱は一方が開くようになっていて、そこに黒塗りの御厠を入れて

御厠場
トイレのこと。御所言葉。

おくのである。これで御厠場ができたわけであるが、この御厠場の中には、折畳式の黒塗りの台を置いて、その中に厠紙をのせておくのである。御厠場の外《そと》には、やはり折畳式の台を置いて、それぞれ別々の台の上に、お手洗、お金盥《かなだらい》、御手拭を置く。お手洗は湯筒であるが、これは黒塗りの蓋の上に陰紋のついたものである。御手拭は奈良更紗というもので、木綿であるが、艶のあるきわめて強靱なものである。陛下が用を済まされると、直ちに侍従が湯筒を取って、陛下が御手を金盥の上にさしのばされると、湯筒の水を注ぐ。それから次には御手拭を取ってさし上げるという順になる。

この御厠場は行幸先の宿舎でも同じで、その場合は隣室の中に今述べた具合で御厠場を設備するわけである。

お身回り品

行幸啓の場合には、お手回りの品は全部持ってゆく。御厠は今述べた通りで、両陛下お揃いの時には、別々に予備とともに用意する。磁石、文鎮《ぶんちん》、卓子、筒形の銀鍍金《ぎんめっき》で台が象牙《ぞうげ》でできている灰皿（これを宮中では「アク切り」といって御紋章がついている）、御時計、御香炉、懐中電灯、座布団（この座布団のことは「おあぐら」という）、お胡床《こしょう》、マット、水筒、黒塗りの御紋散らしの椅子（この椅子には紫の厚いごつごつした布が張ってある）、桐胴に黒塗りの御紋散らしの御手焙《てあぶ》りの火鉢（これには折畳式の足つきの台がついている）、御用の炭（むろん桜炭である）、手洗桶、杉の小判形の釜なしの風呂、場所によっては、漬物の沢《たく》庵石《あんいし》まで持ってゆく。

調度寮は、行幸啓の先々で必要な品物の買い上げをするが、供奉員の寝具、文房具、事務用の紙、その他紙屑籠にいたるまで持ってゆく。

内匠《たくみ》寮からは大工が随行して、御厠の組み立て、修繕、棚の取付けなどをする。主殿《とのも》寮※は屏風、御椅子、文鎮など、先に述べた御手回りの品を重複して持ってゆく、というのは行幸啓の先々で市中などを巡行される時に必要となるからである。屏風についていえば、御座所の屏風は皇后宮職が用意してゆくが、行幸啓の先々で用いる目隠し用の屏風は、主殿寮が持ってゆく。侍医寮は医療品の全部を、主馬寮は馬車または自動車に、御飲料用の乳牛二頭もつれてゆく。

女官の寝具とか簞笥《たんす》類は、皇后宮職から準備して持ってゆくが、これは貸切り

主殿寮
宮内省の部局。天皇の行幸・湯殿の供奉、乗物などの管理、宮内の灯火・薪炭の調達、内裏の庭の掃除などを担当。

の貨車で前もって行幸啓先に送っておく。

供奉の人員

ここには御用邸へ御転地の場合を述べてみよう。

行幸啓主任一名、これには宮内省書記官があたる。内匠寮――属官二名、仕人四、五名、小使一名。調度寮――属官二名、雑仕一名、小使二名。内苑寮※――園丁一、二名。主馬寮――属官一、二名、牛扱い人一名、小使一名、馬車の時は馭者《ぎょしゃ》五名、自動車なら運転手五、六名。侍従職――侍従長、侍従六名、内舎人《うどねり》四、五名、属官二名、給仕一名。侍従武官府――陸海軍武官各一名、属官一名。皇后宮職――大夫、事務官一名、属官四名、仕人四、五名、小使四名。侍医寮――侍医二名、薬丁一名、属官一名、小使一名。大膳職――主膳五名、膳手五名、料理人四名、属官一名、小使一名。主殿寮――属官一名、仕人四、五名。皇宮警察――警部一名、警手七名から十名。侍医寮と皇宮警察に属する衛生部から、上奏物とか献上品の消毒をする消毒掛二名。この外女官では典侍または権典侍二名、掌侍または権掌侍二名、命婦三名、お道具掛三名、呉服掛三名、御膳掛四名と、それぞれの女官に針女一

内苑寮 一九〇八年に宮内省に設置。庭園および園芸に関する事務を担当。一九一四年に廃止。

名がつきそう。

これを合わせると、少なくとも百二、三十名になるが、このそれぞれが一切の道具を持って供奉するのである。

大正十一年の九州行啓

私が宮内省から貰った辞令は厚い束になるほどあった。しかも、その一枚一枚に、少なくとも何らかの思い出がある。その思い出はまた必ず苦労をしたことについてのものである。その辞令の厚い束は戦災で焼けてしまい、今はないその辞令には、

——桃山御陵参拝の供奉を命ず

——九州行啓の供奉を命ず

などと書かれていたが、その辞令一枚のおかげで私は、身をすりへらすような思いをしたのであった。ここには大正十一年の皇后陛下九州行啓の例をとってみよう。

当時天皇陛下は病気御療養のために葉山に御滞在中であった。皇后陛下行啓の

御目的は、秩父宮殿下※が英国へ御留学になったのを機会に、天皇の御悩平癒《ごのうへいゆ》の祈願と、宮殿下の御無事留学をお祈りになるためと、さらに九州地方の産業、教育の御奨励にあった。この行程は、東京を出発されて沼津に第一夜、静岡に第二夜、武庫離宮※では御一泊の予定であったが、御風邪のために数日間御滞在になって、広島の浅野邸へ一泊されて博多へ行啓になり、ここに約十五日間ほど御滞在になった。帰路は門司から軍艦に召されて江田島へ御一泊。ここでは当時江田島の海軍兵学校に御在学中の高松宮殿下と御対面になった。江田島からは再び海路神戸に向かわれ、途中軍艦の模擬戦を御覧になって神戸に御上陸、住吉神社に御参拝になって東京へ還御になったのであった。行啓は全行程一ヶ月余の長期にわたったわけである。

私の役目は陛下に先着して設備を準備することであった。私はまず沼津へ先着すると、陛下が到着されるのを待たずに静岡へ先着し、そこから武庫に先着した。武庫では御風邪のために数日間御滞在になって予定が狂ったわけであるが、皇后陛下はこのことを葉山の天皇陛下に御報告のため、西村事務官を使者に立たせられた。ところが武庫には立派な蘭の鉢植があって、それを是非陛下にお見せした

秩父宮殿下
大正天皇の次男。オックスフォード大学へ留学。

武庫離宮
神戸市須磨区にあった。天皇の宿泊を主な目的として一九一四年に造営、一九四五年の神戸空襲で焼失。

いという皇后陛下の思し召しから、荷物が多くなったので、私が西村事務官に随行することになった。この時は、蘭の外に各種の切り花を持って行ったが、明石駅を夜出発して翌朝葉山に到着、葉山から西村事務官と別れて御用品を受け取るために東京へ帰り、翌朝明石へ直行して着くと、その晩直ちに小使一名を連れて博多へ先行したのである。つまり三日間は昼夜兼行したわけである。

博多では黒田候※の別邸へ御滞在になることになっていたが、行ってみるとまことに綺麗に清掃されて塵一つない。そのかわり調度類も総《すべ》て撤去されているので空家と同じである。翌朝先着の属官が到着したが、これから県庁との打ち合わせがあるので、後は君に宜しく頼むと、迎えに来た県の役人と共に出て行ってしまい、そのまま饗応《きょうおう》にあずかって帰ってこなかった。そこで、私と小使とが設備万端を整えなければならなくなって、トランクに詰めて来た持ち回り品でなお不足するものは、黒田家から借用することにしたが、大名の道具は宮内省の備品と違っているので、なかなか都合よく運ばない。例えば黒田家の屏風はすべて絵屏風であって、宮中で使う金銀の無地が一つもない。そこでその当時博多の、世に「あかがね御殿」といわれた伊藤伝右衛門氏のところに柳原白蓮が夫人になって行っ

黒田候
黒田長成。福岡藩主家の当主。元宮内省式部官。この時は貴族院副議長。

ていたので、そこから借り受けてようやくすべての設備を終えた始末であった。

　こうして皇后陛下をお迎えしたのであったが、それからがまた大変で、武庫で行啓の予定が狂っているので、一日三、四ヶ所も御巡覧になった。人員が限られているからその準備が忙しい。夜の一時二時までもかかって翌日の持ち回り品を点検し、すっかり準備を終えてから寝る。朝は五時前に起き出して、六時半には先着としてその日の行啓先に行って御座所の設備をする。

　この御座所の設備には、内匠寮からは大工が行って御厠場の設備をする。主殿寮からは屏風と玉座のテーブル等を持ってゆく。このテーブルは桑の木のテーブルで、それに錦のテーブル掛けをかける。側近の仕人は持ち回り品を詰めた大きな革のトランクを持って駆けつける。このトランクの中には、御椅子から御厠、御手焙《てあぶ》り、御香炉、御方針《ほうしん》（磁石）、金鍍金の文鎮二つなどが詰めてある。便殿ができると、御香炉や、御方針、文鎮はテーブルの上にのせる。さてすべての準備が整って、いよいよ陛下行啓の時間がせまると、陛下の御道筋、玉座付近に焼《やき》香水《こうすい》を撒く。これは鋳物の円形の焼コテに香水をかけるのであるが、陛下が駅にお成りになる時も、その道筋に撒くことになっているもので、つまり香水で臭気を消すわけである。陛下が行啓になり、そこで行事が終わってお立ちになると、今度は直ちにそこの設備を片付けて、次の行啓先に先着しなければならない。そこで、私たちは五分ばかりでその設備を片付けるのであるが、新聞記者など、一寸待ってくれ、と慌てて写真をとったりしたものであった。

こうして一日中目の回るほど駆けまわり、疲れて帰ってくると、再び翌日の行啓の準備に忙殺されるのであるが、その間、拝謁者の接待もしなければならぬし、御下賜品の選定をあずかっている高等官の手伝いもしなければならぬ。女官の土産の買い物の世話も焼かなければならぬし、女官の食事の支払いを計算せねばならぬといった具合で、身の休まる時がないのである。

しかし、こうして側近者は忙しい目にあっていたが、他の供奉員は比較的のんびりとやっていたのである。ことに予定が狂って、一日に三、四ヶ所も行啓されたので、県がこの行啓のために組んだ予算が余って仕方がないので、暇な供奉員を引っ張り出しては各所を見物させたり、饗応したりしたのであった。

言い忘れたが、こうした行幸啓には、あらかじめ事務官と属官二、三名が出張して、県庁の立ち合いの下に衛生その他について下検分※をし、それから日程を決

下検分　あらかじめ調べること。下見。

め、日程表を印刷し、やがて行幸啓という段取りになる。また地方で陛下が召し上がるものは献上品であっても、すべ大膳職を通して調理される。

皇后陛下が博多の物産館に行啓になった時には、この地方の物産のありとあらゆる物が陳列してあった。野菜、果物から各種工芸品、博多人形、万年筆まで、会場に置場のないくらいに陳《なら》べてあったが、この物産館に陳列されたもの全部が献上されたのである。この献上物は、私が行幸啓の供奉員をして知っている限り最大量のものであった。またこうした献上品は地方でお買い上げになったものと共に、東京にお持ち帰りになって、陳列して御覧になるのであるが、その時がまた大変な量であった。私はその時、時計と万年筆を頂いたことを覚えている。

転轍手《てんてつしゅ》の自殺事件

なお明治には、陛下が九州大演習に行幸の際、担当の転轍手が路線の切替えを誤ったために、御召列車が別の路線を走ってしまった事件があった。この時は列車の運転手がすぐ気がついて、直ちに元の位置に引き返したので、行幸には何のさしさわりもなかったのであったが、当の転轍手は責任を感じて自殺をとげた。

これが昭和になるとすっかり様子が変わってくる。ある年、高崎に大演習があって、陛下が行幸になったが、その時予定されていたお道筋を間違って奉迎に手違いを起こしてしまった。これでは新聞にも随分叩かれたが、宮内省のうち誰一人として責を取るものもなく、陛下にお詫びを言上したに留まった。

――新嘗祭《にいなめさい》

十一月二十三日は今は「勤労感謝の日」となったが、以前はその日を新嘗祭《にいなめさい》といって、国家の大祭であった。この新嘗祭はまた、宮中で行われる祭のうちもっとも大切な祭である。私は明治に一回大正に二回、この新嘗祭に、賢所の庭の中でかがり火をたく庭燎《にわび》※として参加したが、その壮厳さは太古の昔を思わせた。明治と大正とではもちろん少しも変わりなかったが、恐らく遥か昔からこの祭の様式は、ほとんどなんらの変化もなく今日まで伝わっているのであろう。それほど原始的である。といっても、決して粗野ではなく、その原始的なものが時代とともに様式化され、自然と洗練されてきた、というおもむきがある。

庭燎
夜間、庭で焚いて照明とする火のこと。またその役目を担う人のこと。

この新嘗祭の前夜祭を鎮魂祭といっているが、私にはこの鎮魂祭の方がよほど重大なように思われた。それというのも、この日は宮中のあらゆるものが清められる日で、いってみれば、火鉢の灰まで取り替えるのである。炭ももちろん新しいものと取り替えるし、電灯も一旦消して再び点けるのである。火鉢といっても一つや二つではなく、数十個もあるのであるから、その灰を取り替えるのだって大変である。関係者全員が朝から晩までかかってようやく清めを終わるのであるが、この日女官のうちにけがれたもの※がいれば、奥から下がって局部屋に帰される。その女官づきの針女も同じように帰される。それは非常に厳格なものであるが、局部屋に帰った女官や針女は、大抵は局部屋におらずに里に帰ったものである。

　このように大騒ぎをして鎮魂祭を迎えるのであるが、これは掌典部※のものが、御衣振動《ぎょいしんどう》※と糸結《いとむすび》の式を行って、天皇陛下、皇后陛下、皇太后陛下、皇太子殿下の御魂を鎮めて御寿命をお祈りする儀式なのである。いわば、陛下が新嘗祭をお迎えになるための御準備の式なのである。

　翌二十三日がいよいよ新嘗祭である。夕《よい》の儀というのが午後六時から八時頃まで行われて、暁《あかつき》の儀というのが夜十一時から翌二十四日の午前一時頃まで行わ

けがれたもの
月経がきたもの。

掌典部
一九〇七年の宮内省官制で、宮中祭祀などの「典式」は式部職の職務とされ、式部職に掌典部が設置された。一九三九年の掌典職官制によって、掌典職となった。

御衣振動
服をおさめた筥（はこ）を開いて、御衣（天皇などの高貴な人の衣服）を振り動かす儀礼。

れる。私が初めて庭燎として参加したのは、たしか明治四十三年だったと思うが、庭燎は八人で、四人ずつ交替でかがり火をたいた。宵闇がせまる頃、私たちは衣冠束帯に白足袋という装束で、木履をはいて賢所の庭に行く。庭には四ヶ所に丸い穴が掘ってあって、そのかたわらに松薪《まつまき》が重ねてある。私たちは木履を脱いで、縄を渦巻きに編んだ座布団にあぐらをかいて座ると、腰を真っ直ぐにのばしたまま、たしか南天の木だと思ったが、細長い木箸でかたわらの松薪の端を一つずつはさむと、引きずるようにして穴に持って行ってくべる。絶対に動いてはいけないことになっているので、首と手だけを動かすのであるが、松薪でくべるのも、ただくべるのではなくて、形よく組み合わせるようにくべなければならない。風があって炎が吹かれ、私たちの顔をなでることがあっても動くことはできない。唇が乾いてひりひりしてき、しまいには裂けて血まで出る。衣裳が濡れるまでびっしょり汗が流れる。それでいて体の背後は凍るように冷たいのである。あたりはしんとして、しわぶき一つ聞こえない。その頃になると皇族、文武官、有爵者その他の有資格者が、あたりにぎっしりと整列して陛下のおいでになるのを待っている。暗闇であるために、彼らの様子はわからない。わずかに四ヶ所のかがり火によって大礼服の飾りがきらめくのがわかるくらいである。私たちはかがり火を全身に浴びているのであるから、彼らからは丸見えである。そう思うと私たちは少しでもずるけることはできない。決められた位置と姿勢を保ったまま、一本ずつそろそろと松薪を引きずってはかがり火を組み立てた。やがて闇の中から、かすかな木履の音が響いてくる。陛下がお出ましになったのである。

ここで一寸説明しなければならないが、陛下は賢所には駕籠に乗ってお出ましになるのである。その駕籠をかつぐものを輿丁《よてい》といって、すべて京都の八瀬村の出身である。八瀬は昔、後醍醐天皇が吉野落ちをなさった時、その御身の回りの世話をしたので、以来その村は免税となり、若い男は輿丁、女は雑仕となって、今でも大奥の下働きをしているのである。この輿丁になるには八瀬村の村長が厳重な試験をして、駕籠を上手にかつぐものだけがなる。この日の輿丁の装束は、白の衣、白足袋、白襦袢、黒のラシャ羽織、黒の袴、饅頭笠《まんじゅうがさ》に杖を持ってゆれないようにサッサッと歩くのである。

こうして陛下がお出ましになって、侍従が脂燭《しそく》※をささげて道筋を照らすと、それについて陛下が進まれるのであるが、この日の陛下の御服装は、白の生絹の

脂燭
小型の照明具。紙や布を細く巻いて撚った上に蠟を塗ったもの。

束帯に御幘《おさく》の冠《かむり》※をかぶっておいでになる。その陛下の前には御剣をささげた侍従と、後には神璽《しんじ》をささげた侍従、その後に侍従長その他の供奉のものがいずれも衣冠束帯で従うのである。やがて陛下が隔殿におつきになると、掌典と采女《うねめ》※が膳屋《かしわや》から神前にお供えするものを捧げて回廊に立ちならぶ。この采女というのは、女官がなるのであるが、判任官、高等官あわせて六人、四人が勤めて二人が控える。采女になるのは決まって年寄りだが、これは汚れを忌むためだという。髪を後ろに赤い紙で束ねて垂らし、薄青の蜘蛛の網を張ったような服装をしているので、大変若く見えるものである。ちょうど能に出てくる女の様子を考えれば間違いない。

その采女がお供え物を捧げて立つと、陛下は本殿にお進みになる。そして、その供え物を受け取られ、手ずからお供えになって、うやうやしく礼をされ、御告文《おつげぶみ》をお読みになる。それが終わると、そのままそこでお供えになったものと同じものをお食べになる。つまり新穀を天照大神その他の神とともにお食べになるというわけである。それが終わると、皇族、重臣という順に拝礼があり、やがて陛下はお帰りになる。こうして書いてみると、いかにもその様子がはっきりとわか

御幘の冠
神事に際して、天皇の冠の巾子（こじ）を包む布。

采女
天皇や皇后に近侍し、食事など身の回りの庶事を専門に行った女官のこと。

るようであるが、事実はわずかなかがり火と、脂燭の照らす中で行われているわけで、物音一つない暗闇の中に、ぼうっと浮かびでる様は、太古の昔を思わせ、舞台効果は満点である。この間、庭燎は相も変わらず姿勢を正して炎に焙られながら、かがり火をたいているのである。このかがり火の火は賢所の斎火《いみび》をうつしたものであるが、賢所の斎火は事実はともかくとして、太古に檜をすりあわせて燃やしたものが、今日まで点けつぎされたものであると聞かされた。

暁の儀は夕の儀と同じであった。

この祭に参列したものには食事を賜ったが、私たち庭燎の係のものには、切半米といって、大阪寿司のように白米を四角におして、その上に塩のない胡麻《ごま》をまいた折詰と、瓶詰の酒、酒肴としてブリに大根を賜った。このブリと大根はどういういわれがあるか知らないが、皇室の料理にはよく出るものである。大根は大きな輪切りで、三つか四つ出るが、これだけでも腹はいっぱいになる。そしてまた実に美味しい。

なお神前に供えられる白米は、地方から献上してきた米の中から、大膳職で粒をよって供えるもので、その日に賜る切半米もその米でできたものだといわれているが、ほんとうはどうだかわからない。その献米は各都道府県、朝鮮、台湾の篤農家や団体から精米一升、精粟五合を約一ヶ月前に献上してくるのである。

皇室の御挨拶

皇室には古いしきたりが非常に多い。言葉もその例にもれないが、これを書くのはどうやら私の任ではなさそうである。そこで、いかにも丁寧を極めたものだと、今でも思い出す宮家との御挨拶の模様を書いてみようと思う。

例えば、地震でもあると、各宮様へお見舞の電話をかける。

電話口に宮家のものが出ると、こちらは、まず、

「御機嫌よう……」とやって、「陛下にはお障《さわ》りもなく、おかげさまで私どもも無事に勤めさせて頂いております。」

と言う。すると相手方も、

「御機嫌よう、お先にお電話を頂戴《ちょうだい》致しましてまことに恐れ入ります。宮様にもお変わりなく、こちらでは私どもも、おかげさまで無事勤めさせて頂いており

ます。」

と言う。すると今度はこちらが、

「承ればそちら様ではかくかくしかじかのこととで、みなさまさぞお疲れのことと存じます。」

などと言う。この「かくかくしかじか」というのは、電話口に出ている相手方をねぎらう言葉でありさえすれば、何でもいいのである。

このねぎらいに対して、相手方では、謙遜に礼を言ってから、今度は先方に挨拶を返すようなことをいう。——この言葉の応酬は、電話ばかりでなく、お使いとして宮家などにあがった際も同様で、常に相手方の動静を知り、挨拶用の言葉も豊富にもっていないと、「挨拶敗《ま》け」を喫してしまう。それでは、御用は勤まっても、あまり威張れないのである。

私の方の挨拶に対して、いよいよ先方が返答に詰まったとみるや、ようやく話題は本論に入って、「さて、」と切り出す。「ただいまの地震では宮様にはお変わりございませんか？　こちらではお上には御無事であられます。」

すると先方は、

「一寸お待ち下さい。」

と、一旦受話器を置いてこのよしを奥へ通ずる。しばらくすると、今度は奥から、

「ただいまは御苦労さまでした。陛下には御無事の御由でなによりと存じます。当方宮様も御無事でありますから、どうぞ御安堵《ごあんど》願います。」

と返事をしてくる。そこで、今度はこちらの方が受話器を置いて、その旨を女官に通じると、女官が改めてまた電話をとって先方に言う。

「ただいまは御丁寧な御挨拶で痛み入りました。陛下には何の御造作もあらせられず、御無事であらせられますから、どうぞよろしく……」

こういう具合に下から順次上にあがって、同じような言葉を何回か言い交わす。それが全体の宮家に対して、一軒一軒そうやって電話をかけるのだから、なかなか時間もかかるし大変である。

また、宮家にお産があってお使いに行ったような場合だと、まず玄関から招じあげられて、御用掛と例の口上争いをするわけである。まず先方が、

「御機嫌よう、今日は御天気で結構でございます。」

と言う。それを受けてこちらも、

「御機嫌よう、お上には何の御障りもなく、私もおかげをもちまして無事に御奉公させて頂いております。」

と挨拶をする。すると再び御用掛は私の言葉を受けて、

「宮様にも御変わりもなく、私どもはじめ無事に御奉公させて頂いております。」

と言う。それから何度か応酬しあい、いよいよ相手を言い負かしたところで、初めて、

「さて今日は、皇男（女）子滞りなくおするすると御安産の御由お目出度う存じます。つきましてはとりあえず御慶びの御挨拶にお使いとして参りました。」

とやる。先方はそこで、

「一寸お待ち下さい。」

と受けて、それから茶菓の接待があるが、再び奥から改めてもう一度、

「宮様大変御悦びになられ、御嘉納《ごかのう》になられました。両陛下によろしく言上願います。いずれ電話でお礼申し上げます。」

ということになってこのお使いは終わるが、その使者がまだ帰り着かぬうちに、宮家の方から宮中に電話をかけることになる。

「ただいまは御使いを頂きましてまことに有難うございました。」

と宮家からかかってくるのを受けて、それを一度奥へ取り次いでから、

「早速御電話御丁重に痛み入ります、奥からも宜しくとのことでございます。」

とやるのである。

ついでに宮中で用いられている変わった呼び名を少しあげてみよう。

一、お卓（テーブル）。お卓被《たくひ》（テーブル掛け）。お胡床《こしょう》（椅子）。おあぐら（座布団）。おこんごう（草履）。

二、ぞろ（麺類）。やわやわ（おはぎ）。べたべた（あんころ餅）。おから（聖護院大根）。きいも（薩摩薯）。

第四部 禁裡習俗《きんりしゅうぞく》

禁裡習俗

御厠《おとう》場《ば》の御厠《おとう》曳《ひ》き

御厠場の御厠曳きといっても、一般の人には何のことか意味がわからぬであろう。これはつまり陛下の御用便の後じまいをすることである。

御厠を曳くのは、表御座所は輿丁の役目であるが、御常御殿は皇后宮職の仕人の役目である。陛下が御用便を済まされると、直ちに奥の女官からその旨が伝えられる。そこで係の仕人が小使一名を連れて御厠場に赴いて御厠を曳くと、御厠は小使に持たせて侍医寮に行って検分を受ける。検分が終わると再び御厠を小使に持たせて、紅葉山に行く途中の道灌堀の脇の何丈も深さのある堀の中に捨てる。決して人の目にはつかないのである。こうして空になった御厠は水道の水で洗って物置に入れておくが、同時に替わりの御厠を御厠場の中に入れておくのである。

陛下の御用便はこうしてその度ごとに侍医の検分を受けるわけで、陛下の日々の健康状態はもちろんのこと、御花印《はなじるし》にいたるまで、役目柄仕人と侍医は知っているのであるが、この御厠の検分によって異状を認めた場合には、侍医は直ちに御体を診察するのである。

なお御厠は、上部が二尺と四尺位の長方形で、高さは二尺ばかり、底は美濃紙三枚の広さの上広がりになった黒の塗箱である。この箱の底にモミガラを敷いて、その上に美濃紙を重ねておくのである。なお明治陛下の晩年には、御厠場の中に、夏は氷、冬は火鉢が置いてあったのを記憶している。

釜なしの御湯殿

御湯殿は、畳の上に御畳といって、二畳敷ぐらいの厚い敷物の敷いてある脱衣場の奥の、八畳ほどの広さの流し場であるが、その中央に釜のない円形の檜《ひのき》の湯舟が置いてある。

この御湯殿の準備は輿丁《よてい》※の役目であるが、輿丁は別の場所に備えてある釜で湯を沸かしておいて、手桶に汲んで御湯殿に運ぶのであるが、その時には白袖の着物に白の袴をはくことになっている。手桶に汲んで運んだ湯はもちろん湯舟へ入れるわけであるが、その他にも沢山の手桶に熱湯を汲んで御湯殿に置き、陛下

輿丁
輿（かご）を担ぐ者。

が湯をおうめになる時の用意をしておくのである。こうしてすっかり準備ができると、女官が湯加減を見て陛下を御案内するのである。

大清《おおきよ》・中清《ちゆうきよ》

直接陛下が御使用になる品を「大清《おおきよ》」といい、それに付随して奥で使用されるものを「中清《ちゆうきよ》」といっているが、この大清と中清の用途を間違えると大変である。例えば、火鉢の炭取り籠に至るまで大清と中清があるので、もしその炭取り籠を間違えて炭を入れるようなことがあれば、それは一度清めてからでないと使えないのである。

こうした習慣があるので、女官が便所を使っても、手洗で手を洗ってから、もう一度手洗へ行って手を洗うのであって、そうして清められてからでないと何物にも手をふれることができないことになっている。

従って喪中の時などは服装はもちろん、日用の調度から風呂場までも改める習慣になっていた。

宮中の大祭である新嘗祭の前夜祭にあたる鎮魂祭には、この清めをもっとも大きく行うことは別に書いてあるので、ここには述べない。

「御舟」と「ずり板」

宮中で物を運搬する道具に「御舟」と「ずり板」とがある。御舟というのは椽《たるき》のとってある長方形の板に二本の梶棒《かじぼう》がさしこんであって、前と後ろからその梶棒を持って二人で運ぶのである。この御舟にも大小いろいろあって、大膳職で使う御舟は黒塗りで、両側に昔の文机のように中央に穴をくりぬいた板の脚がついている。大膳職ではこの御舟に陛下の御食事をのせて、約六十メートルばかりの距離を御錠口《おじょうぐち》の中の供進所まで運ぶのであるが、汁物などものせるので、こぼれないようにしながら早く運ぶのはなかなか訓練のいるものである。

ずり板にもやはり大小各種ある。板の片側にサンが打ちつけてあって、そのサンの中央に、二ヶ所穴が開けてあり、ちょうど人が入れるくらいの長さのさなだ紐※が通してある。一寸車の梶の中に入るようなものである。いかに重い長持でも、このずり板にのせて紐を引っ張るとやすやすと運ぶことができる。ことに奥には絨毯が敷いてあるから滑り易い。宮中で使う大きな火鉢も、皆このずり板にのせ

さなだ紐
真田紐。縦糸と横糸を使い織機で織った、平たく狭い織物の日本の紐。

て運ぶので、さして困難ではない。ついでに説明すると、宮中の火鉢は一尺の桜炭を五本いけるほど大きなものがある。

煤掃き

明治から年中行事の一つに、年末の煤掃《すすば》きがある。これは十二月の四、五日頃にはじまって、二十六、七日には終わる。なにしろいくつもある広い建物の煤掃きであるから、区画をきめて日割りによって行うわけであるが、賢所から始めて宮殿、御常御殿と順に行う。この時は、庭師、経師屋《きょうじや》、畳職、洗い屋(あく洗い)なども入ってくるし、宮内省の各部局からも大勢手伝いに来る。この煤掃きに使う道具は、二間以上もある長柄に、鳥の羽根のついたもの、同じ長柄に棕櫚《しゅろ》のついたものの外には、普通の鳥の羽根のついた塵払いや、一般に使う雑巾、バケツなどがあるが、煤を払う時には十数人も並んで払うので、いかに広い部屋でも五分もあれば払ってしまうことができた。

局部屋の煤掃きもやはりこの時に行うが、なにしろ滅多に接触することのない男が多数手伝いに入るので、局部屋の針女たちは、急に春が訪れたように浮わついた気持ちになる。彼女たちは、それお茶だ、やれお菓子だ、と接待これつとめて、あたかもその日一日で一年中の損失を取りかえそうとでもするかのように、できるだけ多く世間の噂を聞こうとする。

なお、この行事に参加した人員に対しては毎日酒肴が出たが、のちにこれは金一封となった。

〝雉酒〟

正月の三ヶ日には、多くの人が参賀にあがって、車寄せで記帳をして帰ってゆくが、その中には宮中の関係者もいるので、そういう人たちには仕人が気をつけていて、奥に呼び入れて、民間でいうお屠蘇《とそ》がわりに雉酒《きじざけ》を賜る慣わしになっている。

これはむろんごく内輪のもので、誰それと決まっているわけではなく、例えば私が新年の参賀にあがったとすると、やはり奥に呼び入れられて雉酒を賜るのである。これにはもちろん陛下がお出ましになるわけではなく、知りあったものが自由に料理を運ばせて、雉酒を注いで出すのであるから、至極くつろいだもので、酒のいける人なら何杯もやる。

この雉酒が大変珍しいもので、雉の肉を蒸焼したものを二切れ茶碗に入れて、それに熱燗《あつかん》の酒を注ぐのである。すると雉の脂肪が浮き上がって何ともいえない風味となる。この時の料理はやはりブリのテリ焼と大根の厚い輪切りを煮つけたもの、ハマグリの吸物であるが、珍しいのは沢庵《たくあん》の生漬で、直径五分、長さ三寸五分ぐらいのものを二つ折りにして出すのであるが、歯当たりもよく、味もよいので、皆珍しがって持って帰ったものである。

この時、やはり菱葩《ひしはなびら》といわれている餅が出るが、これは蒸焼にした丸い薄い餅に菱形の紅い餅をのせて、味噌と牛蒡《ごぼう》を二本入れて、二つに折って、二つずつ美濃紙に包んで出される。食べる時には白砂糖をつけて食べるのであるが、熱いうちはなかなか美味しいものである。これは鉄の細長い板を何枚も並べた網の上で、箸で押さえて何回も裏返しながら焼くのであるが、その紅白の色どりと二つに折ったところになんとなく色気があり、われわれ仕人の間では、一寸ここには書けない種類の愛称をたてまつったものであった。この菱葩も珍しいものには違いないが、冷えると堅くて食えたものではない。それでもやはり多くの人が食べないで持って帰ったものである。

「小頂《こいただき》」と「三日餅」

宮中のお祝いごとには餅がつきもののようであるが、親王の御誕生日には、陛下から「小頂」を賜られる。これは丸い薄い餅の上に、小豆のアンコをただのせただけのもので、そのアンコには味がつけてない。

また、陛下御成婚の三日目には、「三日餅」といって、餅を召し上がられる慣わしになっている。

桑飯とおゆのこ

紫蘇飯《しそめし》は民間でも食べるからさして珍しいものではないが、奥でお召し上がりになるものに桑飯とクコ飯とがある。紫蘇飯と同様に桑の葉やクコの葉を入れたものであるが、なかなか風味のあるものである。皇太后陛下はこのクコ飯がお好きだったようで、クコの木の栽培を御奨励になっていたことを記憶している。

おゆのこというのは、少し焦がした御飯をお粥《かゆ》にしたようなもので、大正天皇はこれもよく召し上がったようで、時によると、私たちにまでお下げになることがあったが、このおゆのこには塩気がないので、お菜《かず》のない時にはどうにも箸がつけられない。もったいないとは思ったが、こっそり捨ててしまったことがあった。しかし、熱い時には香ばしくて美味しいものに違いなかろう。

また、間食としてはどういうものか、始終葛菓子《くずがし》を召し上がられる。これは夏冬区別なしで、金魚とか花とかいろいろな型にはめて興をそえたものである。

御紋章入りの煙草

御紋章入りの煙草は、専売局の職員が白衣を着て特別に注意をして製造するのだと聞いている。

明治時代にはこの御紋章が煙草の吸い口に寄せてついていたものであって、ある高官などは、その御紋章のついているところを取っておいて、沢山集まったところで額に入れて飾った、というような話もある。それが大正になると、吸うだけ吸ってしまうと、後は捨てて踏みつけたりするようなことも出てきたので、それでは畏れ多いということになり、その後紋章を逆に火をつける方に寄せて印刷するようになったのだという。また、その頃からであったが、宮中の接待用には、金の菊の葉を印《しる》した煙草を使うようになった。

大正になって、両陛下お揃いで初めて塩原※へ行幸啓になった時に、私もお供をして行ったが、その帰りにやはりお供をしてお召列車で帰ってきたことがある。その後で諸道具を調べたところ、御料の煙草が入れてあった箱が空になっていた。その箱には二百本ばかり入ったが、どう考えても陛下が二百本もお吸いになることはない。側近のものが頂いたとしても一本もなくなるということはまずない、これはどうも怪しい。

「おい、ひどいことをするじゃないか！　一本も残さずなめたのか!?」

と属官が一も二もなく私を疑った。というのも、その時の私の相棒は一口も煙草を吸わなかったのに、私ときたら一日中煙草を口から放したことのないくらいの煙草好きだったからである。私は長い間嫌疑をかけられて大いに迷惑したが、盗みはしないなどと言ってみたところで、証明のしようがないのだから仕方がない。

ところが、その後数回お召列車の御料の煙草が空になっていたことがあった。

塩原
栃木県の塩原御用邸。一九〇四年に造営された。

いろいろ調べたところ、あにはからんや、その犯人は陛下御自身だったのである。陛下が御汽車の中で供奉の人たちに一本も残さず賜ってしまうのだ。これが判明したので、初めて私の嫌疑も解けたのであった。

この御召列車の二百本入りの箱は、陛下御自身の御用のためばかりではなく、お供をして乗っている鉄道の高官とか知事、警視総監などの人たちにも賜るためのもので、そういう場合には仕人が持ち回って渡すことになっていた。それぞれの人の前に箱を持って行って前に差し出すと、大ていの人は、いかにも遠慮がちに一本だけつまんでうやうやしくおし頂く。そういう人には仕人が二、三本取って進めたが、これは非常に喜ばれたものである。しかし、中には、

「いや、有難う！」

と鷹揚《おうよう》に受けて、鷲づかみにして、しまい込む人もいつも必ず二、三人はいたものであった。

また、宮中拝観の時には、心ず煙草を賜ったものであったが、今もいったように妙に遠慮をしてしまう人と、遠慮なく何本でも取ってしまう人があるので、昭和になってから、御大典《ごたいてん》を境として、一箱五本入りの煙草を賜ることになった。

なお、明治天皇は宮中で御使用の煙草を日に三、四本お吸いになるだけであったが、大正天皇は金口のエジプト煙草か葉巻を相当お吸いになった。昭憲皇太后はキザミ煙草を、皇太后陛下は細巻きの金口煙草をお吸いになった。

御下賜金三円也

三大節の御陪食の模様は説明したが、もし何かの事故が起きた場合、例えば陛下が御発病だとか、流行病がはやっている場合などには、御陪食が急に取り止めになることがある。大正時代にはそういう場合には御陪食を賜る人たちに対して、陛下から金三円也を御下賜になることになっていたが、これはどう考えてみても少な過ぎる。いかに物価の安い時だとはいえ、それでは御陪食の時に出る鯛一匹も買うことはできない。不合理である、とわれわれ民間のものは考えるのであるが、これには、変わった宮中の風習がからんでいるので、まずそのことを説明してみよう。

三大節とかその他の儀式の時に、宮中では金銭に疋《ひき》を使う。疋は二厘五毛にあたり、お祝いの時の酒肴料は最低五百疋（一円二十五銭）である。私達仕人でも、酒肴料三千疋といった大金を貰うことがあるが、それはつまり七円五十銭にあたることになる。

また、三大節には鯛が献上されるが、これは二尺鯛を二尾白木の台の上にのせて、奉書に献上の理由と氏名とを書いて台の縁に貼りつけて献上するのである。流行病がはやる時には、これは取り止めになり、奉書に金を包んで目録と共に献上するのであるが、目録はだんゝ紙を使い、金二百疋何の何某という風に書く。金二百疋といえば五十銭であるから、実物の鯛と比較した場合、いかにも少ない。しかしこれは恐らくずっと昔からのしきたりで、それにはいろいろ理由があるのであろう。ちなみに徳川時代の一疋というのは鳥目十文、銀一分のことであるが、あるいは明治維新の時新貨幣との換算率から割り出して、二千疋は五円という風になったのかもしれないが、疋という言葉そのものは時代に関係なく引きつがれたのであろう。

これは大名や公卿華族と同じである。

流感の流行った年であったから、大正の初めであったと思うが、池田侯爵邸に葬儀があって、私も手伝いに行ったが、その時の香典が大抵百疋か二百疋で、最高が二千疋であった。それである高官がその香典帳を見て、さすが池田侯は御家柄だといったのを覚えているが、当時新華族や民間では、香典といえば百円とか二百円で、単位も〝円〟であった。つまり古い家柄に限って百疋とか二百疋という香典が慣用されていたのである。そこで、こういう古式の香典が多かったので、その人はさすが御家柄だといったのであろう。事実、池田侯には皇族、公卿華族の親戚が実に多かった。

だから香典は少なかったが、そのかわり、別に御料理料何百円とか、御通夜料何百円、お供えに一斗餅とか、という風に持ってきたものである。

お片身分け

昭憲皇太后陛下がおかくれになった時、そのおしるしのついた品を西溜《にしたまり》の間に並べて、それぞれのお片身分けの選定をされたことがあったが、その時には六尺卓を何十と並べて、その上にいっぱいに品物を置いたものであった。それでも内閣に分けられる分が不足して、新たに買い足されたということを聞いた。

そういう風にして、歴代の天皇にお譲りになる宝物以外の陛下の所持品は、すべてお片身分けされる慣わしになっていたが、それには履物から植木にいたるまで、あらゆるものが含まれていた。

これに准じたのが女官の片身分けで、これは、明治の女官は家とは関係なく一生奉公とされていたためであるが、陛下からお片身分けされた物や、女官同士の片身分けを長持に何本も持っているほどの女官であるから、これがまた相当ののである。この女官の片身分けは、皇后宮職の全員に分けられるが、明治には他へ転出したものにさえ片身分けがなされたとも聞いている。また女官の片身分けは必ず女官が始末することに決められており、典侍のほか二、三の女官と、命婦一名がきっと加わって行くことになっていた。

吉見掌侍は女官を辞めて隠居してから亡くなったが、こういう場合の片身分けも、やはり現職の女官が行って遺族の立ち会いの下に行うのである。この時は御紋章のついたものまで、御所にお返しするのだといって持ち去ったと聞いたが、しかし、これは当然家宝として、のこすべきものだと考えられるので、御所に返すというのも可怪《おか》しな話しである。恐らくこれには何かたくらみのあってのことであったかもしれない。

これとは反対に、大東女官が亡くなった時には、女官の習慣を無視して遺族がすべての遺品を持ち帰ったので、とかく皇后宮職で不満があったのを覚えている。これはもちろん大正のことであって、今は片身分けの習慣などなくなっているであろう。

三種交魚《さんしゆこうぎょ》

皇室から御下賜になり、あるいは皇室に献上する魚に、三種交魚、五種交魚、たまには七種交魚がある。これは必ず奇数で、三種交魚の時には、鯛、ブリ、あいなめという風に、長い魚と短い魚とをとり交ぜることになっている。またこの交魚を賜られる時には、必ず白木の長方形の台にのせて、台とともに賜られるものである。主に用いられる魚は別に述べた外に、えび、ほうぼう、さわら、せいごなどであるが、三大節の時皇室に献上されるものには、この外に鯉がある。これはたしか二、三の公爵家からで、その数は限られていたが、お召し上がりになる鯉の外は、皆道灌堀に逃がしていたが、あの三尺に余る大きな鯉が道灌堀に姿を見せないのも不思議ではある。

こうした御下賜の品をお届けする使者に立つのも仕人であるが、その使者のもてなしは時代により人によって変わってきた。

明治時分は概して丁重であったが、大正、昭和になるに従って粗略になった。陛下のお使いとして丁重を極めたのはむろん宮家で、その他では、前田侯爵家、※浅野侯爵家、※松浦伯爵家、※それに本郷の阿部子爵家※などが、私の知る限りではきわめて丁重であった。

大正天皇が御即位になって、宮城《きゅうじょう》に御移転になる前、まだ青山御所にお住まいの時、桂侯※が御機嫌奉伺に参内したことがあり、その時三種交魚を賜った。それを私がお使いとして届けたのであったが、その時は氷をのせた人力車にのせて持って行った。ところが、入れ物から水が滴り落ちるので、玄関に出迎えた家《か》令《れい》※が、それは台所の方に回してほしいと、立ったままで言ったものである。

私について来た車夫は宮内省に数十年も勤めた男で、古くからのしきたりを見もし、知りもしていたものだから、この家令の応接がいかにも失礼に感じたのであろう、たまりかねたように口を出した。

「陛下の御下賜の品をお届けする使者に対して、お通しすることさえせずに、台

前田侯爵家
加賀前田家。

浅野侯爵家
広島浅野家。

松浦伯爵家
平戸松浦家。

阿部子爵家
陸奥棚倉阿部家。

桂侯
桂太郎。元内閣総理大臣、陸軍軍人。侯爵。

家令
皇族や華族の家で、家の事務や会計を管理したり、他の雇い人を監督した人のこと。

所へ回してくれというのは、一体どうしたことですか！」

これを聞いた家令が色を失ったのはもちろんであるが、それから急に家令の態度が変わって、どうぞ奥へお通り下さい、ということになったが、その時はそのまま請け書を貰って帰ったことを記憶している。

これでもわかるように、以前は非常に丁重に扱ったものであったが、その頃から次第に粗略になって、大抵の高官たちが印刷した受取書を用意していて、御下賜の品に対しては「野菜一籠」とか「鮮魚一籠」とか書きこむだけで、至極事務的になってゆき、お使いのものに対しても、単なる配達人のような扱いをするようになった。

御出産の検視

皇室の御出産の時には、前もって検視の役目が決められる。これは皇族の場合も同じであるが、皇室の場合には宮内大臣がその役目を仰せつけられる。皇族の場合は宮内高等官のうちから人選する。

そこで、いよいよ産気づかれたという通知があると、宮内大臣は直ちに自動車で御産殿に駆けつけて、御出産を待ち、御安産であるか、男子であるか女子であるかを見届けると、また直ちに宮中に引き返して、陛下に奏上する。これで検視の役目は自然に解消するのであるが、今度は現職の宮内大臣の立場で、再び参内し、改めて御出産のお喜びを申し上げることになる。

一体こういう制度はどういう必要のもとにいつ頃できたかというと、詳しいことは知らないが、将軍とか大名とかにはこういう制度があった。よくお家騒動の原因にもなっていることであるが、つまり男子の場合には女子とすり替えられる危険があって、それを未然に防ぐ目的のためにできたものであろう。それが現在では皇室だけに残っているのである。

ついでに述べると、皇室では産衣のことを「おあま着」といっている。この「おあま着」は御出産になって、男子であるか女子であるかを見届けられてから、初めて縫うことになっているが、照宮がお産まれになった時には、私が自動車を準備していて、奥の呉服掛が縫い上げるのを待ち、直ちに東宮御所に駆けつけて、大至急でお渡ししたことがあった。

やはり、その時のことであるが、大森皇后宮大夫がお喜びを申し上げるために、東宮御所に行った時に、私もお供をした。その帰途三宅坂を通ると、市民がお祝いのための提灯行列をして、万歳を唱えている。その中に新聞記者がいて、自動車を停めると、大森さんに会見を申しこんできた。その時新聞記者が、「御出産の模様をお話し願いたい。」と言ったので、大森さんは笑って、「君たちは他人の奥さんが子供を産んでるところへ入りこんで行って見たりするのかい？」と言ったので、くだんの新聞記者がすっかり参ってしまったことを覚えている。

皇室ならびに皇族の御降嫁

宮家の御息女が民間のものと御婚姻を結ばれる時には、それを最後の公式の参内として、陛下にお別れの拝謁をされるしきたりになっているが、この時には宮家の事務官が大礼服を着て、当の御息女につきそって参内する。宮中ではまた多くの式部官が、やはり大礼服で廊下の要所要所に立ってお出迎えするのであるが、御息女が陛下に拝謁されるために御座所の中に入ってゆかれると、その拝謁中にすべての式部官は引き揚げて行ってしまうのである。だから拝謁を終わって出て来られる時には、もう一人の式部官もいない。ただ仕人が役目柄お送りするだけである。御息女は事務官を連れて、先程とは打って変わった人気のない廊下を帰ってゆかれるのであるが、それはいかにも寂しいものだ。私たちは人情として何か納得のゆかないものを感じるのであるが、つまり拝謁を終われば、もはや民間のものであって、宮内省とは関係がなくなる、ということになるのである。それにしても、しかし、いかにも形式的で、人間味に乏しいものである。これは皇室の場合も同じである。

なお、皇族から臣下に御降嫁になった方に対しては「君様」と呼んでいた。

皇族・華族の御内所《ごないしょ》

久邇宮家※では、お祝いの時、雉酒の代用として、焼豆腐を薄く切って二切れ酒の中に入れて出される。それは、貧乏時代に雉の買えなかった時にそうやって酒を出された。その時のことを忘れないためで、それが家憲になっているのだということを聞いているが、明治の晩年に私が宮内省に勤めるようになった時の皇族方は、やはりまだまだ貧乏臭かった。その頃宮内省には、貸与用の小道具が沢山準備されていて、まだ十分に体面の保てない皇族方に、椅子、テーブル、置物な

※**久邇宮家**
香淳皇后の実家。

ど、宴会やお客をされる場合の道具類を求めに応じて貸与していた。それが時には、荷車に五台、十台となることもあって、私たちはその荷物につきそってお届けしたものであったが、遠いのは高輪まで歩いて行ったことがあった。また、そういうお使いの時には酒肴料として金一円を頂いたものであった。当時は皇族は自動車まで借りにこられたものであった。

私が新宿御苑の前身である御料局の園芸塾にいた頃、御苑の一角に小さな家が三、四軒建っていて、そこにわけのわからぬ家族が住んでいた。打ち見たところあまり裕福とは見えず、天気の好い日などに乾してあるフトンを見ると、つぎがあててあるものがあったりしたが、その家から出て来る子供はちゃんとした学習院の制服を着ていたので、いよいよ不思議に思ったのであった。

ところが、後でわかったが、その家族たちは当時零落して華族の体面の保てなくなった堂上華族たちであった。宮内省ではそういう貧乏華族に対しては、しばらく新宿御苑の家に蟄居《ちっきょ》させて、その間に家計を宮内省で負担して経済を監督しながら、一定の資産ができて自立できるようになってから、初めて外に出ることを許したのであった。つまり華族の保護政策であったのであろう。

雅楽と能楽

式部職の中に楽部※というのがある。その楽部のものの中に、当時なら徴兵適齢期にあるような若いものがいて、ブラブラしているのをよく見かけたので、不思議に思っていたが、後にその連中は徴兵を免除されていることがわかった。つまり雅楽を奏するのに兵隊にゆけば指がきかなくなるので、それを考慮されての免除であったのである。この人たちが多《おお》とか芝とか薗とかいう姓を持っていることからもうなずけるが、代々皇室の保護を受けてきた大陸系の家柄の人たちであった。雅楽は三大節には、必ず豊明殿の前庭で奏されることになっているが、能楽もまた「即位式次第」にあるように、皇室の保護を受けてきたのである。

ところが明治から大正になって、大正天皇の御即位式の時に、従来即位式次第にあった能楽を廃止したらどうだろうという議がもち上がったことがある。

しかし、これには三室戸《みむろど》（敬光《ゆきみつ》）子爵※などが率先して反対した。その当時は式部職の一部にまで能楽はもちろん雅楽も必要がない、もし必要ならば今の音楽を採用すればよいなどと、伝統を無視したものが出てきたり、いろいろ紛糾したのであった。宮内省にも、雅楽は存続しても能楽の方は廃止した方がよいなどとい

楽部
宮中の雅楽を伝承し担う機関。

三室戸（敬光）子爵
帝室会計審査官、内匠寮主事、皇后宮主事・会計課長、主猟頭などを歴任。

いだすものがある始末だった。しかし、この問題には京都の堂上華族が結束して反対し、代々の天皇の御即位式を踏襲した儀式でなければいけないと抗議してきた。そこで三室戸子爵の提言もあって、能楽の家元の観世の家を調べたところが、観世の宗家には代々の天皇の能楽に関する文献と、皇室から賜った記録が全部保管してあったので、この廃止説には終止符が打たれたのであった。

当時はまた一部の事務官などに、昔の束帯や御駕籠なども必要がないから廃止した方がよいと言いだすものがいたが、その廃止論者が、一度その係の事務官になると、逆に強硬な存続論者になるのも皮肉なことであった。

なお、東京に能楽がさかんになったのは、英照皇太后※が非常に能がお好きで、上京中であった観世大夫をお呼びになり、青山の御所で御観覧になったのが契機になったと聞いているが、その時は、観世大夫が青山の御所になかなかあらわれないので、皇太后陛下が御心配になって、わざわざ馬車を迎えに差し回されたところ、一行が妙な道具を持っているので青山の交番で取り査《しら》べられていた、というようなこともあったそうである。ついでに述べると、この英照皇太后は非常にお美しく、たとえて見れば能楽の面に見るような、凄いほどの美しい方であった

英照皇太后　孝明天皇の女御。明治天皇の嫡母として皇太后に。

ということである。

犬になっても大所《おおどこ》

犬になっても大所という。

以前皇太后陛下が皇后の頃、御常御殿の中に一匹の犬を飼っておいでになった。この犬の名は「テツ」といって、別にとり得のない小さな茶色の雑犬であった。奥の方からちょろちょろと御錠口の方に迷い出てくることもあるので、ちょいちょい仕人たちにいたずらされたりしていた。だから私たちが奥の女官候所に行ったりする時など、このテツはここには味方がいるのだ、とでも思っているのか、私たちを見つけるとこわごわ吠えついてくるので、女官たちが笑ったものであった。このテツが病気の時には、その頃麻布で獣医学校の校長をしていた中村獣医が、ときどき参内してきて診察をしていった。この犬は大正十何年かの夏とうとう死んでしまったが、その時には、侍従職は花輪を供えた。葬儀は原宿の尼寺で行われ、仕人一人と女官数名がテツの死骸を棺に納めて持って行って供養をした。その供養には坊さんが五人もいてお経を上げるといった盛大なものであった。犬はその尼寺に埋葬された。この犬の三十五日には、陛下はちょうど日光の御別邸に避暑に行っておいでになったが、奥では腰高の大きな饅頭を侍従や側近の人たちにお配りになった。また毎年テツの命日には判任女官と仕人が、代理として花を持って尼寺の犬の墓に参ることになっていたが、その時には虎屋の打ち菓子を、お寺や茶屋にお配りになり、われわれも頂いた。

何故犬を尼寺に葬ったのか、その理由はよくわからないが、明治時代の陛下の犬も皆尼寺に葬ってあった。明治時代には三匹で、それが皆原宿の尼寺に葬ってある。この尼寺の名を忘れていたが、最近用があって寄ってみたところ、「延命院」という名であることがわかったが、今は尼僧はいなくて、男の坊主が院主であると聞いた。何でもその尼寺には男の坊主が入ってきて、とうとう横取りしてしまったのだということである。ただし真偽は保証の限りでない。

紅葉山の狸

むさし野といひし世よりや栄ゆらむ
千代田の宮のにはの老松

これは明治陛下の御歌の一首である。大都会の真っただ中にある皇居の中が、さながら大森林におおわれて、昔の武蔵野※の面影を伝えているといってみたところで、一般の人にはなかなか想像もつかないであろう。しかし、局玄関から百間廊下を登ると、（登るというのは、百間廊下が丘陵地帯を通って丘陵上の御常御殿に達しているのであるから、まさに登るという感じなのだ。）その百間廊下の途中に杉戸があり、そこを出るとやがて大森林にぶつかる。松、欅《けやき》、樫《かし》、桜などの巨木にまじって、紅葉が網の目のように枝をのばし、天日を仰ぐこともできない。その大森林の中にはあたかも、峡谷のように深く道灌堀がよこたわっていて、覗いてみると底ぶかく黒ずんだ水が澱んでいる。ここは、春ともなれば、桜がらんまんと咲き誇り、京都の嵐山の風景にも決して劣るところのない景観を呈するのである。

また、乾門を入ると右側に土堤があって、その土堤に道灌にゆかりのある山蕗《やまぶき》が一面に生えているが、その土堤の下に綺麗な小川が流れている。この小川を「山蕗流れ」といっているが、夏の夜になると、ここにホタルが無数に青い炎を燃や

武蔵野
荒川以南・多摩川以北で東京都心までの間に拡がる武蔵野台地、もしくは旧武蔵国。

すのである。ここのホタルが東京では一番早いといわれている。

こうした武蔵野さながらの皇居の中には、やはり武蔵野に棲息した動物たちが、今も誰はばかることなく横行している。

いろいろな小鳥もいる。雉がことに多い。烏《からす》もいる。この鳥があまりにも多い年には、宮内省の警察で専門家を雇って、鉄砲で鳥退治をするくらいである。大きなひき蛙がいる。雨の夜など御馬見場を見回る時など、このひき蛙を踏みつけたりして肝をつぶすことがよくあった。梟《ふくろう》もいる。梟の啼き声は不気味なものであるが、気の弱い皇宮警士など、夜一人で歩くことができないくらいであった。

それに狸《たぬき》がいる。明治から大正の末期までは、油揚を三枚ぐらい竹の皮に包んで、必ず毎晩紅葉山の入口に捨てたものであったが、そこから三十間ばかり離れたところに、皇宮警士の立ち番するところがある。そこに立つ警士が毎晩決まった時刻になると、その場所の熊笹が風のそよぐようにざわめくのを聞くので、恐らくその時刻に狸が群がり出てくるのであろう、といったのを聞いたことがある。真偽はともかくとして、この狸についての伝説は、久しいものらしい。

ある時皇宮警士がやはり立ち番していると、吹上御苑※のお茶屋のあたりに夕立

吹上御苑
皇居の吹上地区にある御苑。旧江戸城西の丸地区の西側。

が降ったような物凄い音がしたので、翌朝行ってみたら、いっぱい砂利が落ちていた、これも狸の仕業だろうというのである。

また、明治二十五、六年の頃のこと、夜になると二重橋の上を渡って来るものがあるので、警士が驚いて追っかけると、いつの間にか逃げてしまって、どうしても捕まえることができない。そこである夜、警士の一人がひそかに近づいて行って、やにわに抜刀して切りつけた。とたんに人間はいなくなったが、後で調べてみたら刀に血がついていた。それ以来橋を渡ってくるものがいなくなったので、これもやはり狸の仕業であろうということになったが、その刀で切りつけた警士はその後気が変になって、さかんにうわ言を言いはじめた。「何十年も住みついた俺様を何故切ったのだ！」とか、「さあ油揚だ！　油揚をよこせ！」と騒ぎ出すので、大いに困ったことがあったと、私は先輩の仕人から聞かされた。この狸の話も、日本全国どこにでもあるあの老人の話の類型であるには違いないが、皇居がいかに大森林に囲まれており、昔の武蔵野の面影を伝えているか、この話からも幾分想像がつくであろう。

〝手柄〟話二つ

華頂宮《かちょうのみや》殿下※は若くして脳膜炎で亡くなられた。一粒種であったので、宮家はそれで廃家となったが、後に久邇宮家から相続して華頂侯爵となった※。

この華頂宮が兵学校御在学中に、御病気で佐世保の海軍病院に入院された。当時華頂宮は九条公の姫君と御婚約の間柄であったので、皇后陛下はこれを聞かれて非常に御心配になった（皇太后陛下のことで、皇太后陛下は九条家から上られた方である）。そこで、私が皇后陛下のお見舞品をお届けにいって、かたわら宮殿下の御容態を聞いてくることになった。

その時のお見舞品は、文箱《ふばこ》、目録、お菓子、煙草、うずらの卵などいろいろであったが、それを持って乗り通して夜明けに佐世保に着くと、土地の新聞に私が行くことが出ていて、それを知って水兵が迎えに来ていたので、直ちに海軍病院に行ってお見舞の品をお届けし、御容態を聞いたところが、自発生の脳膜炎ということであった。当時佐世保では、兵学校の生徒が多数流行性脳膜炎にかかっていて、そのことが新聞に出たので、あるいは殿下のもそれではなかろうかと、私の報告をお待ちになりながら、皇后陛下は御心配になっていたのであった。私は

華頂宮殿下　華頂宮博忠王。伏見宮博恭王の次男、海軍軍人。一九二四年に二十二歳で亡くなった。

華頂侯爵となった　伏見宮博恭王三男（華頂宮博忠王の弟）の伏見宮博信王が、一九二六年に臣籍降下し、華頂侯爵家を創設。

用を済ますとひとまず宿舎に引き返して、十五日帰着の電報を打っておいて、岡山で一泊する予定で直ちに汽車に乗ったのであったが、なにしろ一昼夜乗り通して非常に疲れている。つい居眠りをして岡山を乗り越してしまった。目を醒《さ》ましてみると、すでに姫路に着いていた。そうなると引き返すのもやっかいである。それに一日も早く御様子をお知らせした方がお喜びになるに違いないと考えたので、そのまま沼津に直行したのであった。

沼津に着くと直ちに御用邸に帰って、門を通り、廊下に入ってひとまず私の詰所へ帰り、それから御報告にゆこうと考えていると、皆が私を見つけて、「何故入ってきた！」と口々に言いながら寄ってきた。私としては予定よりも早く帰ってきたのでいささか得意でいた時だったから、何のことだかわけがわからない。そこへ廊下の騒ぎを聞きつけて、西川侍医※まで飛んでくると、この人も、

「何故入ってきた？」

とただならぬ様子で詰問する。私はいよいよわけがわからず、呆然と立ちつくしていたのであったが、つづいて

「それで、殿下の御病気は何か？」

西川侍医
西川義方。内科医学者。大正天皇や貞明皇后の健康管理を行った。

と聞くので、私はわけのわからぬままに、
「宮殿下の御病気は自発生の脳膜炎であります。」
と答えると、とたんに西川侍医は安心した様子で、そのまま私を放って奥へ駆け込んで行った。

後でわかったことであったが、もし宮殿下が流行性の脳膜炎であったなら、そこへお見舞に行った私にも、当然伝染の危険があるのだから、帰って来ても奥へは入れてはいけない、ということになっていたところ、私が予定より早く帰ってきたので、誰も私を阻止するものがなくて入ってしまったので、西川侍医はすっかり驚いてしまったのであった。

私が予定よりも早く帰ってきて、しかも殿下が自発生の脳膜炎であったことをお聞きになると、皇后陛下は早速私を特に奥にお呼びになった。私は千種典侍を通して、佐世保での様子を逐一御報告したが、この時、私は、特別の御沙汰によりお菓子を頂戴した。

人間というものは妙なところに同情して感激するものである。私も皇后陛下の御心情を考えたばかりにとんだ道化をやってしまったことがある。大正十三年の夏、高松宮殿下が赤痢で舞鶴の病院に御入院になった。

その時、皇后陛下の御使いとして、西村事務官が殿下の御病気見舞にゆくことになった。その時献上物の実に見事な盆景《ぼんけい》をお見舞に持ってゆくようにとの御沙汰があった。そこで事務官はどうしたら無事に盆景をお届けすることができるかといろいろ考えていたが、結局私がその大任を軽く引き受けてしまうことになった。

そこで、その盆景を崩さないで持ってゆくにはどうすればよいか、いろいろ智《ち》慧《え》を絞ったあげくやはり手で持ってゆくのが一番安全だということになって、中の盆景が見えるように枡形の箱に入れて、汽車に乗り込んだが、汽車の動揺に対してはまだ不安である。それで両手で盆景を宙に支え汽車の動揺につれて両手を動かしながらゆくことにした。こうして私は一昼夜というもの一睡もせずに盆景を宙吊りにしたままついに新舞鶴に着いたのであったが、そばのものが見た場合、いかにも滑稽に見えたに違いない。

こうして無事に新舞鶴に到着したが、到着間際にわずかに波のところが動いたので、それは筆で直してお届けした。

まあ、こうしたことが下積みの仕人の〝手柄〟であった。

第五部

皇室御三代

明治天皇

女官の乗った鞍《くら》

ある日、これは大正になってからであるが、私は何かの用で主馬寮に行った。その時明治陛下がお使いになったという馬の鞍などを見せてもらったことがある。その中に普通の鞍よりもやや小さい鞍が目にとまった。形や塗ってある漆の色も陛下のとは違って、どことなくなまめかしい。私は一寸した好奇心にかられて、案内してくれた古参の仕人に聞いてみた。

「この鞍はねえ……」

その仕人は意味あり気に唇のあたりに笑いを漂わせて、

「実は女官の乗った鞍なんだがね。」

「…………」

「そういえばわかるだろう？　一寸型が小さい……」

そう言って今度は鼻で笑った。何かわけがありそうである。しかしその頃の女官なら、一応武術や馬術を心得ていたとしても、何も不思議ではないと思われた。しかしどうやら、この仕人は別に理由があって、私がそれをたずねるのを心待ちにしている様子である。

「どういう時に乗った鞍なんですか?」

そらきた、といった様子で仕人は口を切った。

「それなんだがね、君も知っているように明治陛下はお酒が非常にお好きだった。そういうわけであの頃は女官もお酒のお相手をした。酒だからもちろんお酔いになる。女官も酔ってくる。そういう時に、陛下は酔った女官を馬に乗せてひき回してお楽しみになったものなんだ。あの鞍はそんな女官たちが乗った鞍なんだよ。」

ただそれだけの話であったが、私は絵を見るように、その情景を思い浮かべて、あの偉大な明治維新をなしとげられて、近代の世界国家の中に一歩足をふみ入れられた、お気負いになった陛下の御生活の一端をうかがい知ったように思い、同時に御老年になられてからも、なおその余韻をとどめておいでになった御生活を偲《しの》んだものであった。

明治天皇の御夕食は長いことかかった。大正、昭和になると、六時から八時頃までであったが、明治には毎日十時四十五分までと決まっていた。そのお食事の間に、陛下は侍従を相手にされながら政務の残りをお聞きになるのであるが、また元老もよくこのお相手をした。特に伊藤博文などはよくお相手をしたものである。明治の頃は、こういう点、皇室はいたって民主的であられたが、大正以後、宮内省の官制が整い、形式化してくると共に、皇室と国民との間が阻隔して皇室の民主的な御模様と、形式的なあらゆる御様子との違いが甚しくなってきたように思われる。

それはともかく、入れ替わり立ち替わり陛下の御間に入ってゆく侍従たちが、必ずしたたか酒に酔って出てきたもので、そんな風だったから、よく陛下の御食膳の余り物なども侍従職に下った。そういう時には「誰某侍従御承知」と必ず声がかかるものなので、その「御承知」の声がかかると、それを侍従職に運び、侍従はそこでうちくつろいでそれを頂くわけである。時には、鍋の物がそのままになってくることもあって、陛下の御食事が普通考えられているように堅苦しいものでないことが想像された。こういうことは、しかし大正、昭和になると、前に述べたように次第になくなった。

陛下の御寝所《ぎょしんじょ》

明治から大正になって、初めて御常御殿《おつねごてん》の手入れをした時に、明治陛下の御寝室の障子も新しく張り替えたのであるが、その障子紙をはぎ取って見ると、中の方にまで蠟燭の煤がしみこんで黒くなっていた。これだけでもいかに御質素な御生活だったかがわかるのである。当時ある高官などは「家のものに見せて、教育資料にしたいから……」と、わざわざお願いして、その切れ端をもって帰ったほどであった。しかし、私がこの障子紙のことを思い出したのは、陛下の御質素ぶりをおしのびしようというためではなく、実は陛下が、崩御になるまでついに電灯をお用いにならなかったことを言いたかったからである。

当時世間一般ではすでに電灯をつけていたが、明治陛下はしまいまで御殿の中に電灯をつけることをお許しにならなかった。だから、その頃は、あの長い百間廊下はもちろんのこと、奥の所々方々に行灯《あんどん》を置いたもので、時間がくると、仕人がその行灯をつけておいて回ったものである。

どうして陛下が便利で明るい電灯を退けて、不便で暗い蠟燭をお用いになられたのか、これはあの進歩的な御性格からみても、解けぬ謎の一つであるが、私たちが聞いたところでは、ある時東宮御所の皇太子殿下の御居間の電気スタンドがショートして、テーブル掛けを焼いたという事故があった。その時、明治陛下は技師長に電気の安全性をおたずねになったが、その技師長には、安全であることが保証できなかった。それで、電灯をお用いにならなかったのだというのである。

しかし考えてみれば、これにはどうやら可笑しなところがある。それなら、蠟燭の方はどうかというと、安全性からいえば、蠟燭の方がむしろ危ないくらいではないだろうか。私には、これはやはり、明治陛下の御性格、お好みの結果だったように思われる。私自身も、あのすぐれた御体格、魁偉《かいい》な御容貌の陛下は、パッと明るいだけで深みのない電灯の光の中でではなく、やわらかくほの暗い蠟燭の光の中で仰ぐ方がよほどお親しく感ずるように思ったものだ。多分、私と同じように思ったものは他にも多かったに違いない。

陛下のお好みは、甚だ御強烈であったようだ。陛下は御日常、あの肋骨のついた黒い軍服ばかりを着ておいでになったが、それは日露戦争の経験で生まれたカーキ色の軍服に改正されてからも同様で、いかにあの黒い肋骨の軍服を御寵愛になっていたかがうかがわれる。ある時、たしか寺内正毅大将※が陸軍大臣の時のことであったと思う。たまたま市中を行幸になった時、その御先導として寺内大将が歩いているのを御覧になって、陛下は可笑しそうにお側のものをお見かえりになり、

「おい、どうだ、まるで狐が歩いているようではないか！」

と、おっしゃったということをある人から聞いた。陛下はあの黄色の軍服が、色といい、形といい、いかにもぶざまで滑稽なものにお感じになっておられたに違いない。

人の性格のもっとも端的にあらわれるのが寝室である、といってもいいなら、明治陛下の御寝所はそのもっともよい例の一つではないであろうか。陛下の御寝所は御常御殿の裏表六間あるうち、裏の三間のうちの真ん中の十六畳あまりのお部屋であった。この真ん中のお部屋は三方が閉ざされているから、明りが入るとすれば入口からだけである。その入口には白羽二重の幕がおり、紫の紐でしぼってあった。だから陛下の御寝所は、日中でもわずかな光線でほの暗く照らされる

寺内正毅大将　長州藩出身の陸軍軍人。陸軍大臣、韓国統監・朝鮮総督、内閣総理大臣などを歴任した。

だけである。夜はもちろん蠟燭である。その御寝所には緋の絨毯が敷いてあった。その上に鉄製の頑丈な御寝台が置いてある。明治時代には概して実に立派な容貌の持ち主が多いが、その中でも陛下は、とりわけ御立派であった。すぐれた御決断のお力を示すような濃い御眉、炯々《けいけい》として鋭いお目、いつでも何かを見据えておいでになるような実に魁偉な御風貌で、御体もそれにふさわしく二十貫を超える巨軀《きょく》でおありになった。こういう陛下がそこに寝起きされたことを思うと、この部屋の照明効果は実によく考えられていたといわざるを得ない。

大津事件

東洋諸国を巡遊《じゅんゆう》してその途次日本を訪れた露国皇太子ニコライ（後のニコライ二世）は、明治二十四年五月京都に滞在中、十一日、京都を出て大津に遊んだ。その時護衛巡査の一人津田三蔵が、突如抜剣して殿下に切りつけたために殿下は頭部に微傷を負い、直ちに京都に帰った。

これが大津事件のあらましであるが、この事件を明治陛下は非常に憂慮され、翌朝直ちに東京を御出発になって京都に行幸、皇太子をお見舞になった。また十九日には神戸に行幸、皇太子のお召艦に臨まれて、午餐《ごさん》をともにされた。一方政府は閣議を開いて当面の処置をとったが十六日には、滋賀県知事沖守固等の職を免じ、内務大臣西郷従道、外務大臣青木周蔵も相次いで引責辞職した。こうした当局の誠意ある態度により、露国の感情もやわらぎ、国際的な問題も起きることなく一段落したのであったが、この事件は、当時露国がさかんに南下政策をとり、国力の膨張につとめていたために起こった国民的反感のあらわれであった。しかし、日本にしてみれば、これから条約改正を行おうとしていた時で、これに備え、国際情勢には非常に敏感になっていたのであった。加うるに日本はまだ微力、万一当時世界一の強国と思われていた露国とことを構えるようなことにでもなっては一大事と、朝野とも蒼くなった。陛下の御憂慮もまたそこにあった。そこで陛下は、事件の結末がつくまで浜離宮に蟄居されたのである。このことは世間には秘められているようであるが、私はある時、浜離宮で古い仕人から、明治陛下がここに蟄居されたのだという建物を知らされて、あの時の国民の驚きと共に陛下の御憂慮のほども深く察せられたわけである。

皇太子殿下の拝謁問題

ある時、皇太子殿下（後の大正天皇）が陸軍少将の大礼服を召されて、恐らく日露戦争の時にお貰いになったと思われる功四級の勲章をつけて参内された。この時は村木東宮武官長、※侍従長、東宮大夫など側近のものを従えられ、さっそうとおいでになって、陛下に拝謁を申し出られたのである。

ところがこの時は、どういう理由か拝謁が許されない模様で、しばらくすると村木東宮武官長が慌てた様子で廊下を渡って外に出て行った。それで私も不思議に思ったのであったが、それからしばらくすると、今度は陸軍大臣がやはり慌てた様子で奥に入って行った。殿下が拝謁になったのは、それからまたしばらくたってからあった。

後でわかったことであったが、その時、皇太子殿下は少将任官のお礼を言上されるために拝謁を願い出られたのであって、殿下が辞令の出たその日※に拝謁を願い出られたことに対して、明治陛下は、辞令の出た日にどうして少将の大礼服を作ることができたのか、恐らくこれは前もって知らされたものに違いない、これは軍紀の紊乱《びんらん》である、という解釈をされて、軍部に対して規律の厳正なるべきを

村木東宮武官長
村木雅美東宮武官長。一九〇一年二月から一九一二年十二月まで東宮武官長。

辞令の出たその日
嘉仁皇太子の陸軍少将任官は一九〇五年十一月三日。

示されるのは目的から、お会いにならなかったのであろうということであった。

陛下の御趣味

いつ頃だったか、陛下が橙《だいだい》を毎日お暇のおりには手に持って揉んでおいでになるので、側近のものが不思議に思っておったところ、それがいつの間にか見事な煙草入れになっていた。それは揉んでおいでになるうちに果肉が乾燥するので、それから形を整え、それを御注文によって、中味をくりぬき、煙草入れにこしらえたものである。中には漆を塗り、革の生地に金蒔絵で笹が描いてあった。こういうものを都合六個お作りになって近臣に賜った。変わった御趣向のものであった。

また振天府《しんてんふ》※には陛下がお作りになった花差しなどが飾ってあるが、これは兵器の部分品を使っていかにも器用に作られたものである。これらの御才能はあまりにも有名な御作歌の御技量のために影が薄れ、一般にはあまり知られずにしまっているようである。

明治陛下はまた表御座所に狆を一匹飼っておいでになったが、その狆があたり

振天府
日清戦争後、兵士の勲功を保存するため、開戦後に奉献された記念品・戦利品を収蔵した倉庫であり、戦没兵士の写真・名簿などを納め慰霊・顕彰する施設。明治天皇の発案により皇居内に建設された。

かまわず糞をするので、陛下の御機嫌奉伺《ごきげんほうし》に来た人たちがうっかりすると踏みつけるので困ったと聞いているが、私自身はこの狆を見たことはなかった。

明治末期には宮中にもすでに自動車があったが、陛下はあまり自動車にはお乗りにならなかった。非公式の行幸の時には、ほとんどが馬車であった。その馬車は二頭立てで、御者の脇にフロック・コートを着た内舎人一人と、黒の肋骨の服を着た内舎人《うどねり》警部が二人車従として車の背後に乗った。

大正天皇

明治天皇が崩御になって、大正天皇が御位に即かれたその直後、宮内省から私達仕人に対して、次のような訓辞があった。「陛下は誰にでも気易く話しかけられるお癖があるから、仕人は決して陛下の御前に姿をお見せしてはならぬ。」

言葉はむろん違っていたであろうが、私たちはそういう意味の訓辞を受けた。私たちがその訓辞を守ったのはもちろんであるが、仕人という役目柄から、かなり陛下に接近するので、自然そういう陛下を見、また聞くこともしばしばであった。

私が最初に陛下の供奉をしたのは、明治天皇の御大葬が青山で行われた夜であった。あの時自分がどうして供奉することになったか今は思い出せないが、あの深夜に青山から半蔵門までを馬車でまっしぐらに駆けて行った時の光景がありありと瞼《まぶた》に浮かぶ。私はたしか先駆の馬車の車従をやっていた。真夜中であたりがしんと寝静まっている中を、馬蹄の音がカッカと乱れて強く鳴り響いた。沿道には拝観の人影がかすかに見える。馬車はダクで全速力で飛んでゆく。危なくてしようがない。私は馬車の上から人影に向かって、「どけ！」「どけ！」と（陛下が）怒鳴ったのを今でも覚えている。私は、あのとき初めて陛下の御気性の一端にふれたのであった。

後でもそうであったが、陛下は御乗物を速く走らせて喜ばれるという無邪気なところがおありになった。軍艦に乗られても、もっと速力を出せという風に命令されるので困る、ということをある海軍の将校から聞いたこともあったが、あの御大葬の夜は、陛下御自身が主馬頭の藤波子爵※に向かって、御所まで何分で帰着くことができるか、と御下問になっているのをちらとお見受けしたのを覚えている。その結果があの馬車の疾駆となったのであった。

藤波子爵　藤波言忠。侍従や主馬頭などを歴任し、明治天皇や昭憲皇太后の死去時には大喪使事務官を務めた。

御幼少の時の陛下についてては、私はあまり知らない。塩原にゆかれた時のこと、植木屋が桜の木を切っているのをまだ幼かった陛下が熱心に御覧になっていた。ところがあまり近くにおいでになるので、切り落とした枝が陛下の御身近くに落ちてくる。危険なのでお供のものが脇へよけて頂いた。すると陛下は何本かの大きさの違った桜を指さされ、それぞれ種類の違ったノコ切りで何分で切ることができるか、とおたずねになったので、お供のものはお答えができなくて弱った。するとと陛下は、これは何分、あれは何分と一々御説明になったので、お供のものはいよいよ不思議に思ったのであったが、後で陛下が桜の木の下に立っておいでになった時、植木屋が切っているのを御自分で時間を計って見ておいでになったことがわかって、その謎が解けたと、そのお供のものから聞かされたことがあった。

これも御幼少の頃、沼津で山中を御運動の際、陛下の御足があまりに速いので、侍従がついてゆくことができずに、とうとう陛下を見失ってしまった。それからいくらお探ししても陛下は見つからない。ついに夜になってしまった。供奉のものが蒼くなって大騒ぎをしたのはもちろんである。すると、そこへひょっこり陛下が犬を一匹連れてお帰りになったので、ようやく一同胸をなでおろした、ということがあった。この犬は沼津のある家の飼い犬であったが、狂犬になり山中に捨てられたものだったが、その後いつの間にか病気がなおって山中をうろついている時、陛下のお姿を見、人里が恋しくなったのか、陛下の足許に寄って来て先導をつとめて山を下りてきたものらしく、一同は救われた思いでその犬の労をねぎらい、陛下も金五円也を御下賜になり、沼津町に面倒を見てくれるようお頼みになったのであった。

こうした御幼少の頃の話にもうかがわれるような御性質、ちょっと人を困らしてみてやろうといった王者の無邪気さや、それも、どこか神経の鋭敏さのみえるやり方は、陛下が御成人になられてからも随所に覗かれたのであった。

御病気中のある時、御運動で養鶏所にゆかれた。係のものがお喜びになるように、と思って鶏小屋に卵を入れておいたのであるが、陛下はそれを御覧になって、鶏というものは日付の書いてある卵を産むものなのか、と言われたので、係のものが恐縮したことがあった。当時養鶏所で産まれた卵には、一つ一つ何月何日の日付印が捺《お》してあったのである。それをうっかり係のものが置いておいたのであったが、陛下はそれを目ざとく見つけられ、その作為に対して御不満であったのであろう。

恐らく陛下はその短い御生涯の間に、こうした臣下の作為や、蔭日向について は、常に神経を煩らわされておいでになったと思われるが、後に陛下の御病気が すすむにつれて、それがむき出しの嫌悪の感情になってあらわれたのであった。

越ケ谷の鴨の御猟場※が開場になったのは明治の晩年であったが、この開場式に は皇太子として御臨席になった。その時、私も取り扱い接待の仕人として現場に 行っていたが、いよいよ参列の高官たちが集まってきて、皇太子殿下は供奉の侍 従長などを従えておいでになった。その時の模様を今でも覚えているが、皆が列 を作って殿下のおいでになるのを待っていると、いよいよ殿下がおいでになって 御席に着かれてから、しばらく休憩があった。その時殿下は軍服のポケットから 銀のケースを取り出されて煙草を吸われたが、御自分が吸われる前に、その煙草 ケースを開いてお側のものにすすめて回られた。それから御自分で一本取ってお 吸いになったが、そういう気易さは陛下になられた後にもつきものであった。

また陛下はそういう大勢のものが集まるところで、御自分の御存じないものが お目にとまると、必ず、その人についておたずねがあり、それがまた、どこのも

鴨の御猟場
埼玉鴨場。鴨場とは宮内省が管理する鴨猟をするための場所。

のか、今何をしているか、親はいるのか、子供は何人あるのか、といった風に詳細をきわめたものであったので、お付きのものがそれにお答えすることができないで、しばしばその人のところを何回も往復してお答えするという具合であった。

大正には陛下が御自分でお選びになった内舎人《うどねり》が数名いたが、この内舎人たちは、観兵式※などの時に、閲兵式に参加した騎兵たちで、陛下がその騎兵の姿勢のよいのにお目をとめられて、内舎人として宮中に召されたものである。

昭和になってからは、両陛下お揃いで御運動になったが、明治、大正時代にはそのようなことはなく、いつも別々であった。大正天皇はこの毎日の日課である御運動には、必ずブランデーを持ってゆかれたもので、御自分でもよくお飲みになったが、侍従もお相手をさせられた。そして侍従をすっかり酔わしてお楽しみになるという風だったので、しまいには侍従の方でも困ってしまって、大膳職の方であらかじめ、麦茶をブランデーの瓶に詰めておいて、侍従の方にはそのブランデーを注ぐようにした。それからは侍従がなかなか酔わない。さすが敏感の陛下もこれだけは、おわかりにならなかったらしく、「お前はこの頃随分強くなったな。」などと仰言《おつしや》ったそうである。

観兵式
国家元首や内外に対してお披露目する目的で行われ、兵士・兵器のパレードや戦闘機の演示飛行をともなった国家や軍隊の儀式。

前にも述べたように、陛下は蔭日向のあるものを極度に嫌悪されたが、御自分の嫌いな侍従などには、わざと出張を命ぜられて、その侍従のいない間をお楽しみになるという風であった。同時に、奥での御生活でも、嫌いな侍従には何気なく用を命じておいて、好きな侍従をお相手にお遊びになった。当時御座所の奥の部屋には玉突台※が置いてあったが、陛下は玉突がお好きで、女官などもお相手をした。明治陛下はことに乗馬がお好きであったが、大正天皇は馬はあまりおやりにならなかったのではないかと思う。吹上御苑で馬術など御覧になったことはあるが、普段陛下がお乗りになっているのを、私はお見かけしたことがない。

　陛下は御自分の御体については、神経質なほど気をお遣いになっておられた。御運動の後など、しばしば「御厠《おとう》」の具合を御質問になるので、女官がうっかりしていて「御厠」を曳《ひ》いていないこともあって、その時は大急ぎで「御厠」を曳いて侍医寮に持って行って検分してもらったりしたものであった。

　そういうわけで、陛下御自身が御自分のお体には極端なほど神経質であられたが、侍医寮の方でも陛下の御健康には常に注意をしていたようで、大正時代には、宮内省の官吏たちの家でハシカなどが発生した場合には、その官吏は出勤を停止

玉突台
ビリヤード台のこと。

されたほどであった。というのは、大正天皇は御幼少の時にハシカにおかかりにならなかったからである。

陛下が御不例になったあの年の夏には、私も陛下の供奉をして日光の御用邸へ行っていた。

ある日陛下は御運動で日光山から御霊屋《みたまや》※に回られて、その途中急にお脚に神経痛をお覚えになり、石段をお降りになることができず、侍従の徳川男爵※に背負われて降りてこられた。お帰りになった時の御様子には格別変わったところもなかったので、その時は、私たちは何も知らなかったのであったが、後でそのことを聞いて驚いたのであった。

その年の暮れ、再び葉山へ行幸になったが、そこで御病状がさらに悪化し、激痛のために脳症を起こされて、翌年から健忘症におかかりになったのである。

世間で陛下の御病気のことが種々取り沙汰されたのはこの時のことである。しかもそれは、陛下の御日常や御気質を知らないために、いろいろ誤解されて伝わっているようである。例えば、陛下が議会の開院式の時、勅語を読まれてから、そ

御霊屋
神道における先祖の霊を祀る祭壇。

徳川男爵
徳川義恕。尾張藩主家。陸軍軍人を経て一九一二年に侍従。

れを巻かれて望遠鏡のような具合にあちこちを御覧になった、といったような風説は、明らかに誤伝である。というのは、当時陛下は御自分が病気であって、健忘症であるということを常に気にしておいでになったので、勅語を巻かれてもそれが正しく巻かれているかどうかということが気にかかり、そういう仕草で一応お調べになったもののようである。とにかく陛下はそういう風に御病気後は一層神経質になられた。ある時御運動の際に侍従がリンゴを差し上げると、そのリンゴが新鮮であるかどうかを侍従におたずねになったので、侍医が新鮮であることを申し上げると、重ねて「誰が食べてもあたらないか?」と念を押されるのであたらない旨をお答えすると、初めて御安心の御様子で、しばらく一同のものを見回しておいでになったが、やがて御自分のお気に入りの一人にそのリンゴをお与えになったという。

その時にはすでに神経痛もよほどお悪く、手の指を自由にお曲げになれないので、侍従が手の平にリンゴをおのせして、それから一本一本指を曲げてさし上げていた時であったが、しかもそういう風に細かく神経が働いておられたのである。

いつの時であったか、私もよく覚えていないが、豊明殿で高官たちに御陪食を賜ったことがあった。その時、私はたしか検番をして廊下に立っていたように思うが、宴会が終わって、高官たちがぞろぞろと廊下に出てきて、千種の間を通って陛下が奥にお帰りになるのをお見送りするために、列《なら》んで立っていた。いつもなら決してそういうことはなかったのであるが、高官たちの気持ちの中に、陛下が御病気だ、という観念があって気をゆるめていたのであったろう。あちこちで私語する話し声が聞こえてなんとなくざわめいていた。そこへ陛下がお出ましになった。高官たちはさすがに話すのはやめたが、いつものように自然に頭が下がらない。突っ立ったまま陛下を目送りするような始末である。その時、どうして私が見たのか今でもよく思い出せないが、皇后陛下おひとりが静かに頭を下げて最敬礼をしておいでになった。そこで初めて自分たちの失礼な態度に気づいた高官たちは、慌てて最敬礼をして陛下をお見送りしたのである。あの時は、陛下はたしか、侍従につきそわれてお出ましになって、痛ましいようなお姿で奥にお帰りになったように思う。

当時、陛下の御病気がお悪くなってからは、何かにつけ皇后陛下は気を配っておいでになった御様子で、そういう公式のお席にもいつも皇后陛下が御同席になっていた。

陛下の御病状が悪化してからは、ますます神経が過敏になられたということは前にも書いたが、陛下が御病気であるということから、女官の中にはついうかうかと蔭日向の行動をするものもあったわけだが、そういうことが陛下の神経をいたく刺戟《しげき》したらしく、しかもまた、陛下にはそういう行動が敏感におわかりになったらしく、そういう女官がお靴をお揃えした場合などには、陛下は決してその靴をおはきにならなかった。

御養生のため葉山の御用邸に御滞在になった時には、私もお供をして行っていたが、その頃神経痛のお痛みは特にひどかったようである。それ、お痛みになる、というので、私は何回も侍医寮へ飛んで行って、西川侍医を迎えたが、西川侍医がお手当てをして退ってしばらくすると、またすぐお痛みが起こるので、再び私が侍医寮に飛んで行く、といった具合であった。それが崩御の前年になると、すっかりお脳にきてしまい、ひどい健忘症におかかりになったのである。それでも運動をしなければおからだに悪いとお考えになっていた御様子で、よく廊下を歩いておいでになるのをお見受けした。廊下をお歩きになりながら、御自分の気を引き立て、鼓舞するように、よく軍歌を唱《うた》われた。その軍歌はきまって、あの「道は六百八十里」※というのであったが、健忘症にかかっておられたから、「道は六百八十里、長門の……」とまで唱われても、その後をどうしてもお思い出しになれない。それでまた「道は六百八十里、長門の……」とお唱いになる。それをしょっちゅう繰り返されながら、力づけるような御様子で、陛下が廊下を歩いておいでになる。そのお姿を拝して、私は何とも言えないおいたわしい感じを受けたものであった。当時御用邸には九官鳥が飼ってあったが、その九官鳥が、いつしか陛下のこの「道は六百八十里」を覚えこんでしまって、陛下が唱っておいでにならない時でも、森閑と静まり返った昼下がりの御廊下で「道は六百八十里」とひとり唱うので、女官などはよく陛下とお間違えしたということである。

私達仕人は交替で葉山の御用邸に行っていたが、ちょうど私が交替で東京へ帰るとすぐ、十六日になって、御様子が悪いという電話があり、私は再び葉山に行った。それからはほとんど寝ることもできずに、天機奉伺にやってくる重臣、高官たちの接待にあたったのである。

なおこの御病気悪化の前々日の十四日には、当時御用掛をしていた稲田、三浦、

「道は六百八十里」　作詞・石黒行平、作曲・永井建子の軍歌「道は六百八十里」のこと。

平井、青山などの各博士、当時における内科医の権威たちが拝診したのであったが、非常に御容態がよろしい、万々歳であるという結果を得て皇后陛下に言上したのであった。その時赤十字社の平井博士だけは、お脈が少し速いようだけれども、まずおよろしい方でしょう、と言葉を濁したと聞いているが、とにかく御病状は大いによろしいということになって、各博士とも葉山を引き揚げ、東京に帰ってしまったのである。ところが翌日から急に御病状が変わって大騒ぎとなり、私も早速葉山へ呼びもどされたわけであるが、葉山に着くや否や、すぐ御用掛の医者が次々と駅に着くのを迎えに行ったのであった。その翌朝私が廊下に立っていると、入沢侍医頭が多数の御用掛を従えて各側近の事務室を訪れ、恐縮したような面持で出てくるのを見受けた。その時侍医頭は、「医者というものはいい加減なものだ……」と自分も含めて皮肉ったということであった。

ところで、こうして多数の名医が御用掛になっていたことには、それ相当の原因があった。明治陛下の御不例の時の侍医頭は岡玄卿氏であったが、陛下が崩御されるや、この人は医学界から非常な攻撃を受け、また民間からも非難が起こって、その屋敷には石を投げ込まれたりしたものであった。そこで大正になるとすぐ、池辺侍医※が提唱して、日本医学界の権威をほとんど御用掛にしてしまったのである。
こうして慌てて参集した名医たちが再び拝診したのであったが、十五年十二月二十五日未明、ついに崩御になった。
これより先、西川侍医は陛下の御病気治療法研究のために急遽渡欧したのであったが、研究成って帰朝した時には、すでに後の祭であった。

大正天皇御成婚余話

高辻子爵夫人※の晩年には、とかく自暴自棄の行動が多かった。
高辻子爵※は公卿華族で、大正時代には東宮侍従をやった人物である。小柄ないかにも温厚な人柄で、家庭では寛大なよき主人であることがうかがえた。また高辻家は公卿華族としては比較的資産にもめぐまれており、それ相応の生活をしていた。夫人との間には子供もあり、長女※は音楽学校に入っていた。そうした表面だけを見れば、高辻家にはどこにも不満や家庭的な破綻を生じる余地がないよう

池辺侍医
池辺棟三郎。一八九七年に侍医。一九一九年には侍医頭となった。

高辻子爵夫人
高辻重子。上杉茂憲の三女。

高辻子爵
高辻宜麿。重子の夫。式部官。父の修長が明治期に東宮侍従長を務めた。

長女
高辻総子。後に男爵の金子吉三郎と結婚。香淳皇后の「御学友」。

に見えた。夫人は中年以後にもその若き日の美貌と怜悧《れいり》とが未だに物をいっている風で、年に似合わず夫人の周囲には、いつも華やいだ雰囲気が漂っていた。

もし仮に高辻家に家庭的に何か不和の生じる原因があるとすれば、それは夫人が未だに美しく若やいだ感情を持っていて、たまには娘のような気持ちになって、ピアノのキイを叩く、というくらいなものではなかったろうか。これは彼女と外見的にはあまり立派とはいえない小柄な高辻子爵とを対比した場合に、一応は考えてみなければならないことのようである。

しかし、それとても一歩退いて考えてみるならば、それまで破綻のなかった長い夫婦生活が一挙にして崩潰《ほうかい》してしまうような原因になるとは到底想像されないのである。これには何か、もっと根本的なより底の深い、例えば、まだ純な乙女の頃に受けた精神的な大きな衝撃が、中年以後になって、ふとしたことからパッチリ傷口を開いて、再び疼《うず》き出し、いても立ってもいられないような焦躁を感じはじめる、というようなことがあったのではあるまいか？

私は子爵夫人の行状を見たり聞いたりしながら、そんなことを考えたのである。

ある時、私は先輩の仕人から、大正天皇の御成婚にからんで、世間にはあまり知られていない夜話ともいうべき話を聞いた。当時はまだ明治陛下の御在世の時で、大正天皇は皇太子であった。

そろそろ皇太子の御成婚の時期が近づいていた。明治陛下はあの御性格からいっても、御自分の気に入った方を皇太子の妃殿下にされたい御意向で、御自分でもいろいろお考えになっておいでになる模様であったが、ある時伏見宮内親王※をお目にとめられて、すっかりお気に召してしまった。それまでは皇后には五摂家のうちからお上りになるしきたりになっていたのであったが、明治陛下の鶴の一声で、その時初めて皇族から上られることになったわけである。しかしその時は内定ということで、まだ御決定になったわけではなかったが、いつの間にかそれが世間にもれて、伏見宮内親王が学習院に通学される時には、警視庁の刑事が微行でついて行って護衛したものであった。ところがこの御内定に対して、当時の橋本軍医総監※が異議を唱え、それを陛下に言上したのであった。それは「この御方には恐らくお子さんがおできにならないでしょう。」というのであった。皇室の御世嗣が絶える！　これにはさすがの自信の強い陛下も、御自分の意志を強行させるわけにはゆかなかった。ついにこの御内定は取り消しとなってしまった。

伏見宮内親王
伏見宮禎子女王。伏見宮貞愛親王の長女。下田歌子や佐佐木高行らにより、嘉仁皇太子の妃候補として高い評価を受け、一八九三年五月に皇太子妃に内定したものの、肺病の疑いが出、内定が解かれた。

橋本軍医総監
橋本綱常。越前藩出身。陸軍軍医総監や東京大学医科大学教授などを務めた。

そういうわけで、大正天皇の皇后には、再び昔のしきたりにかえって、九条家から上られたわけである。

ところで困ったのは伏見宮家である。内親王様御自身の心情はもちろんのこと、宮家としてもなんとなく傷がついた感じである。それで、なるたけ早く姫君は嫁がせた方がよかろうということになり、いろいろと相手の男子を物色されていたのである。

ある時、宮中で宴会があって、大勢の華族たちが御陪食にあずかった。そこにはもちろん若い華族たちも集まっていたわけであるが、伏見宮殿下は、大尉の軍服を着た若い山内侯爵嗣子※の姿を眼にとめられた。痩せぎすではあるが、どこかきりっとしていかにも頼もしい好青年士官である。そこで殿下は早速近づいてゆかれて、

「どうだ、君はまだ独身だろう?」

とおたずねになった。そこで山内大尉が事実を明白にすればよかったのであるが、ついうかうかと、

「はい、さようでございます。」

山内侯爵嗣子
山内豊景。土佐藩主家。陸軍軍人。禎子女王と結婚する。

と言ってしまったのである。殿下はすかさず、

「それでは、どうだね、儂《わし》の娘を嫁に貰ってはくれまいか？」

と直談判をはじめられた。それでもなお山内大尉にもう少し勇気があればよかったのであるが、何分にも宮殿下からの直々の御談判である。若い大尉がすっかり上がってしまったことも想像に難くない。

「はい。」

と答えてしまって、その自分の言葉の重大さに気がついた時にはもう遅かった。

「それでは宜しくお頼みしますよ。」

殿下はようやく心の重荷が下りたといったように、御満足げに笑われた。

この場の情景は、接待に出ていた私の先輩の仕人がつぶさに見たのであったが、恐らく帰途に着いた山内大尉の気持ちは複雑であり、さすがに若くて元気のある青年士官も意気消沈したことであろうと思われた。というのは、その時山内大尉は確かにまだ独身だったことには違いなかったが、しかしすでに上杉伯爵家※の娘と婚約が成立していたからである。

若い大尉はその日、邸に帰るとすぐ、その日の出来事を父侯爵に話したに違い

上杉伯爵家
上杉茂憲。米沢藩主家。沖縄県令や元老院議官、貴族院議員を歴任した。

ない。そして一家をあげて評議したであろう。ところが相手が何分にも宮殿下である。一旦承知してしまったことをくつがえすということは、いかにもできにくい。それかといって、別に不都合がないのに婚約を解消することもできることではない。一家がどういう結末をつけたかは、その後間もなく、山内家と上杉家との婚約が破談になったということが伝わって明白となった。

このことでもっとも打撃を受けたのはいうまでもなく上杉伯爵家の娘であったろう。婚約の間であるから、もちろん山内大尉との間にも行き来があったであろうし、また乙女の夢のような心で、大尉をこの世で理想の夫と見ていたであろうし、あの幾分痩せぎすが欠点であると見られる大尉の容姿にも却って凜としたものを感じていたでもあろう。その彼から理由はともかくとして、彼女は破約を宣せられたのである。乙女の純情はみじんに砕かれた。恐らくその時に、彼女の心の中に最初の解放——権力と体面のみが支配する貴族生活からの解放の気持ちがきざしたのではなかったろうか?

彼女はその後何事もなかったかのように小柄な、温和《おとな》しい、高辻子爵と結婚した。

私は当時先輩の仕人の話を聞きながら、ふと、中年を過ぎた高辻夫人の乱行を思い浮かべて、女の業の深さに暗澹《あんたん》とした気持ちを懐いたのであった。

――皇太后陛下（貞明皇后）

吹井戸のクレソン

皇太后陛下御薨去※の報を新聞に見出して、私は生きる力を失ったような気がした。宮内省を辞してからもう十七、八年になるが、私は皇太后陛下の御消息に接することを、なによりもの楽しみとしていたからである。――皇太后陛下についての私の思い出は尽きない。

ある時、それはまだ大正の初め、たしか三年の頃であったと思う。宮城に御移転になってからはじめて、両陛下※お揃いで日光の御用邸に御避暑になった。その時のことである。私も供奉の一人としてお供をした。その日も例によって、皇后陛下は憾満ケ淵の方まで御運動においでになった。女官五、六名、属官一名、それに仕人の私がお供をして行った。こういう場合、仕人は陛下からは相当の距離を置いて、御運動のお道具を持って従うわけであるが、その時もそうで、純白の

御薨去　一九五一年五月十七日に死去。

両陛下　ここは大正天皇と貞明皇后のこと。

洋服を召した陛下が、やはり単色の色とりどりの洋服を着た女官たちと何かお話に興じておられる御様子で、御用邸の裏の方になる大学の植物園の方まで歩いてゆかれたが、その植物園の池の畔《ほとり》に行き着かれて、そこでしばらく池の面を御覧になっている御様子であった。陛下は中肉中背のすらっとした御容姿で、御態度はきわめて上品な方であったが、その時は明らかにお喜びの御様子で、しきりに女官たちと話しておいでになった。しばらくすると、初花内侍が、嬉しそうに飛ぶようにして私の立っているところまでやってきた。

「皇后様が、池のクレソンを採ってもらえないか、とおっしゃってますからお願いします。」

この若い美しい娘は、陛下のお喜びがよほど嬉しかったものと見えて、息さえはずませている。そこで私は陛下がお後にされた池の畔に行ってみた。池はすき透るように澄んでいた。その綺麗な水の岸に近いところに、濃緑の無数の小さい葉が群生して浮いていた。それがいかにも新鮮で、冴え冴えと眸《ひとみ》を清めるようであった。「なるほど、これは素晴らしい！」私はそう思うと、側に立っている初花内侍にうながされるまでもなく、早速靴を脱いで、池の中に入っていった。

水は清流が引き入れられているので痛いほど冷たかった。私は水の中に深く腕をさしこむと、思いきって根を一株つかんで、ぐいと持ち上げた。池から上がってそれを籠に入れてみると、直径一尺二寸もある籠からはみ出すくらいの大きな株であった。それから二人は陛下のお後を追っていったが、追いつくと、初花内侍が陛下に御覧に入れるために籠を持って行った。

しばらくすると、また初花内侍が籠を提げて帰ってきた。皇后様が大変お喜びになって、是非これを東京に持って帰りたいから、先に御用邸に持って帰ってくれるよう、ただし今お上もちょうど御運動の最中だから、お上のお目にとまらないようにしてくれ、という皇后様の御注意であった、という。恐らくその時の皇后陛下のお気持ちは、東京に持って帰ってから、天皇陛下にお目にかけて、お喜びになるのを御覧になりたいというのではなかったであろうか、私はそう思った。そこでいつお上がお見えになるかもわからぬので、恐る恐る帰途についた。ところがその帰途、何回も侍従に出逢う。出逢う度に侍従が、お上をお見かけしなかったかときくので、どうしたのかとたずねると、御運動の間にお上を見失ってしまったという。大正天皇は前にも述べたように御健脚だったので、よくそういうことがあったが、その時も陛下がどんどん行ってしまわれ、侍従が追っつけなくなったらしい。私は、これではいよいよ陛下がいつおいでになるかもわからないと用心しながら歩いて行った。すると案の定、前方に陛下のお姿を見つけた。私は、これはいけない、と思ってすぐ道を変えたが、あいにく今度は向こうから陛下がやって来られる。いよいよ慌てて、それからはあちらこちら逃げ回ってみたが、どうしたことか、いくら逃げても陛下を一層近くにお見かけするばかりである。しかも、どうやら、私を追っておいでになるらしい。恐らく籠をかくすようにして持っていたので、何を持っているのだろうと疑問にお思いになって、近寄って来られたのであろう。しかし、私の方はお見せしてはいけないというお言いつけであるから、ますます夢中で逃げた。しかし逃げても逃げても追って来られるので、進退きわまって芥溜《ごみた》めにかくれてしまったのであるが、とうとうそこでつかまってしまった。陛下は黙ったまま籠の中のクレソンを御覧になると、一寸皮肉な微笑をお見せになって、そのまま行ってしまわれた。われに返った時には、私はいっぱい汗をかいていた。

このクレソンは予定通り東京に持って帰られて、御常御殿《おつねごてん》の側にある吹井戸の中に植えられた。今日御常御殿は空襲のために跡形もないが、吹井戸は今もあって、あの夏持って帰られたクレソンは、相も変わらず緑の葉をのばしているはずだ。

陛下の御生母

恐らくその頃が両陛下にとっても、もっともお楽しい時期ではなかったであろうか。第一次世界大戦の渦中にあったとはいえ、国の将来が危ぶまれるわけではなく、却って国民は戦争景気を謳歌している時である。三人の皇子様はすくすくと御成長になっておいでになり、やがて皇后は第四皇子を御懐妊になる時であった。天皇も至って御健康で、後に見られるような神経痛のきざしなど、少しもおありにならなかった時である。

皇太后陛下が養蚕に御熱心であったことは、世間周知の事実だが、その御熱心は、皇太后陛下にとっては、一種の御性格からくる御趣味というようなものであったようにうかがわれる。当時は毎日一時間余り日課として紅葉山の御養蚕所にお通いになって、蚕の掃き立てから、繭かき、病蚕や桑の御研究など、すべて御自分でおやりになっておられた。それが皇室の伝統とか、単に養蚕の御奨励という意味ばかりでなく、皇太后陛下がまことにお好きでやっておられたと思われるのは、後に昭和になって皇太后陛下が青山の御所にお移りになってからも、規模はずっと小さなものであるが、やはり毎年欠かさず養蚕をやっておいでになったことでもうかがえるのである。

この紅葉山の養蚕所には、有泉技師のもとに、各県の養蚕学校から選抜された学生が十名と、車を引く人夫が二名いたが、毎年三十石から五十石の収穫をあげていた。また皇太后陛下は、この養蚕所の学生には非常にお目をかけられて、使いのものに、常にお菓子やお寿司を届けさせておられた。

中年以後の皇太后陛下は、落ち着いた気品のある態度を持っておいでになったが、御運動の時など、吹上御苑から本丸の方にまで歩いておいでになって、属官などは途中で疲れてしまい、ずっとおくれてから行き着くこともあったが、そういう時など、「男子のくせに……」と一本釘を打ってお笑いになったという。皇太后陛下には、どこか勝気でさっぱりしたところがおありになったようにお見受けした。というのも、一つには大正天皇がどちらかといえば気の軽い御一面、どことなく気むずかしい神経質なところがおありになったので、皇太后陛下が自然、御自分を引き立てて毅然としておられたのであろう。このことは天皇が御病気になられてからは、ことによくうかがえたので、私が仕人として、もちろんそれは一定の距離を置いてではあるが、お見かけした範囲でも、やはりそうであった。そういう例は、大正天皇の御不例の項にも述べたが、ことに大正十一年には、約一ヶ月にわたって九州地方に行啓になり、各地で競争のように仕組んだ盛り沢山の御巡行にも、おいといになる風は少しもなかったばかりか、きわめて御熱心で毅然としておいでになった。私自身の感じからいえば、毅然としなければならぬという御意志が強くおありになったように思われた。私は、そういう皇太后陛下の御気質について、かねがね思っていることがあった。というのは、五摂家の一つである九条公の姫君として、温室の中の花のように育てられた方として考えた場合に、あまりにもしっかりしておいでになる、実に意外だ、という気持ちがあったのだ。しかし、やがて、偶然私は私なりに納得する機会があった。

前にも述べたように私の家は岡山の藩主池田侯の家臣であったが、その同じ家臣に野間という三人兄弟があった。この野間兄弟が参勤交替の時に主君のお供をして、京都にしばらく滞在したことがあったが、その時に、弟の方が二条殿の家臣に所望されて、その家に入った。その人の孫娘が野間幾子※といって、後に九条家の腰元に上ったのである。そのうちに当主の手がついて娘を産んだ。野間幾子はやがて九条家を下って別に一戸を構え、娘はそのまま里子の形である農家にあずけられた。この娘がいくつの時であったかは知らないが、後に再び九条家へ迎えられて学習院に通うようになり、そこを卒業すると、間もなく皇太子妃殿下に上られたのである。同時に野間幾子は、中川局という号を頂いて京都の九条家の別邸に移った。

ある年、大正天皇が京都に行幸の時のこと、九条公夫妻が陛下に拝謁したことがあった。その時中川局も一緒に拝謁したのであるが、拝謁が終わって三人が玄関に出てきて、いよいよ馬車に乗ろうという時に、中川局が最初に乗ろうとすると、九条公はそれをさえぎって自分たち夫妻が乗り込み、一番最後に中川局を乗せた。もう中川局はすでに老齢であったが、私はその様子を見ていて、いかにも無慚《むざん》に感じたのであった。かりそめにも皇后陛下の御生母であるのだから、その時ぐらいは、御生母としての心情を汲みとっての扱いをしてもよさそうに思た。ところが拝謁を終わるや否や、早華族の習慣にかえったのである。実際、華族社

野間幾子　九条道孝の側室。九条節子（貞明皇后）や九条道実など一男三女を産んだ。

会の妾《めかけ》は全くの日陰ものである。「腹は借りもの」という観念だから、子供は人前ではただ「おばば」と呼びすてであるし、親戚たちも「お腹」というだけで相手にしないのである。

こうした社会の妾腹の子として御成人になった方だけに、こういう取り扱いを受けている自分の御生母を御覧になった場合、一体どういう気持ちになられたであろうか？　幼い時に芽生えた性格は、なかなか消えないもののように見えるのである。

皇太后陛下の十五年にわたる宮城の御生活の中で、中川局がおもてだって拝謁したことは一度もなく、たしか二、三度裏からお伺いしたことがあるくらいのものである。後に大正天皇が崩御になって、皇太后陛下が青山の御所にお移りになってから、中川局は初めて玄関から入って皇太后様と御対面になり、得意の鼓を打って興じられるという晴れやかな御団欒《だんらん》があった。その時は、すでに八十を過ぎた老齢であった。この人は謡曲、鼓、茶にすぐれた才能をもっていた人で、その性格の一面は皇太后陛下にもつながっているものであるが、この人は長生きをして、九十を過ぎてから亡くなった。

皇太后陛下となられて

大正天皇が崩御になると、その日に葉山で今上天皇※が御即位になったが、東京の方の準備も整い、いよいよ大正天皇の御遺骸《ごいがい》が宮廷列車で東京に喪の還御をされることになった。その時私はこれが最後のお供であるから、是非お供をして東京に帰りたいと願ったのであったが、許されなかった。

というのは、天皇が崩御になってから、皇太后陛下は、御悲歎《ひたん》のあまり、再び葉山には行啓になられぬということを側近のものにお洩《も》らしになったので、土地の人には秘密にして、調度一切を東京へ送ることになり、その役目を私にやれということであった。

その時、私があとしまつをした簞笥《たんす》、長持などはおよそ五百個で、通常の行啓の時の三百個に比べると、はるかに多数であった。その後わたしは二度葉山に出張して、風呂道具から雑品にいたるまで東京に持ち帰ったのであった。

前にも述べたように、大正天皇御病中の皇后陛下の御心遣いは並たいていなものではなく、その甲斐もなくついに異常な御病気で崩御、その時の皇后陛下の御心中はあまりにも御悲痛で、そのため、数々の思い出のある葉山の地には、二度

今上天皇
ここでは昭和天皇のこと。

と足をふみ入れたくないというお気持ちにおなりになったのも、私たちにはよくうなずけることであった。

皇太后として宮城《きゆうじよう》から青山の仮御所に御移転になり、それから大宮御所にお移りになってからの御生活には、寂しい中にも落ち着いたお姿がうかがわれるようになった。皇太后陛下は三年の喪に服された。当時大宮御所には大正天皇の御写真を飾られた部屋があって、皇太后陛下は毎日精進潔斎身を清められて、午前中は必ずその御写真に向かって黙禱を捧げておられた。

私は皇太后陛下が青山に御移転になってからも、皇太后職の仕人としてお使えした。その頃私たち皇太后職のもの一同でお茶の道具の一部を献上したことがあった。皇太后陛下は、御生母の影響であろうか、お茶がお好きで、御所内にもお茶室を建てられて、当時内匠頭であった東久世伯爵などもときどきお伺いしてお相手を申し上げていた。

良子女王色盲事件

大正十一年九月二十八日、皇太子裕仁親王は久邇宮良子女王と御婚約になった。

この御婚約にいたるまでは、当時の宮内大臣波多野敬直《よしなお》子爵が主にあっせんの労をとった。というのは、当時久邇宮家は番町の宮内省の官舎に住んでおられ、その隣の元の徳大寺邸がやはり宮内省の官舎で、そこに波多野氏が住んでいた。そういうわけで庭つづきの交際のうちに、良子女王が候補にあがったのである。同時に波多野氏は皇太子の東宮大夫をしたことがあったので、陛下としても自然波多野宮内大臣の言葉を重んぜられたのであろう。

それからまた、従来皇后にあがられるのは五摂家のうちからという不文律があったが、その当時五摂家には適当な候補者が見つからなかったからでもあろう。五摂家というのは、一条公、二条公、九条公、近衛公、鷹司公である。明治天皇には一条家から、大正天皇には九条家から、孝明天皇には九条家から、それぞれあがられた。

そういうわけで皇太子と久邇宮良子女王との御結婚が内定したのであるが、それからしばらくしてはからずも問題がもち上がった。

当時宮内省の御用掛をしていた保利※という眼科の軍医がいたが、この軍医は皇后陛下がまだ九条家においでになった頃の出入りの医者で、皇后になられてから

保利
保利眞直。眼科医。陸軍軍医学校長などを歴任。眼科学の権威である保利は中村雄次郎宮内大臣（波多野は一九二〇年六月に宮内大臣を退任している）より良子女王の色弱の可能性について医学上の判断を求められ、診断を行わず、医学上の定説を基にして一九二一年十月に『色盲遺伝に関する意見書』を作成、そのなかで保利は「皇子が誕生した場合半数が色盲になる恐れがある」との提言を行った。

も引きつづき宮中に御用掛として出入りしていたのであるが、この保利氏が色盲問題を持ち出したのである。恐らく保利氏は良子女王が色盲であるということを直接皇后陛下に言上したのではあるまいか。それかあらぬか、その頃、久邇宮妃殿下が良子女王を連れて、皇后陛下に御機嫌奉伺の参内をしたいがと御都合をお伺いしたが、その都度御都合が悪いと仰せられていつまでも延期になるので、その電話を取り次ぐ女官たちが、中にはさまって困っていたのを私は今でも覚えている。

保利氏は、この問題を波多野宮内大臣にも話した。ところが波多野子爵はすでに御内定として世間に発表されたものを今更どうすることもできないと逃げてしまった。そこで保利氏はさらにそれを山縣元帥にもちこんだ。山縣元帥が御婚約の解消を唱えたのは、それからである。ところで、これに対して強く反対したのは杉浦重剛※氏で、当時すでに杉浦重剛氏は良子女王の皇后学の御用掛であった。

私は以上のように色盲問題についてはいろいろ聞き及んでいたのであったが、ある時侍医寮に行ったところ、そこでも色盲問題が話題になっていて、某氏が宮家へ伺候して御解消をおすすめしたところ、一旦御婚約が発表になった以上、皇

杉浦重剛　国粋主義者。思想家。昭和天皇に倫理を進講する。

室から御取り消しになるならともかくとして、宮家の方から解消を願い出るのは穏当でないと断わられた、ということだった。私たち仕人仲間でも一体この結末はどうなるのだろうと心配していたわけであるが、その後どういういきさつを経たのかこの問題はついに落着して、大正十三年一月二十六日久邇宮良子女王との間に皇太子御成婚の儀がとり行われたのである。

なおこの色盲問題については、宮内次宮の河村金五郎※氏が責を負って辞職した。どうして次官が責任をとったのか、その理由については私はよく知らない。

ついでに、この色盲事件にからんで、世間では薩長閥の争いだとか、五摂家の争いだとか、いろいろと取り沙汰されていた。薩長の争いというのは、久邇宮良子女王の母方は薩摩藩の島津家から入られた方で、良子女王の御結婚に反対した山縣公は長州であったからであろう。また五摂家の争いというのは、前にも述べたように、明治天皇の皇后は一条家から上っておられ、孝明天皇の皇后は九条から上っておられた関係から、後の九条良致《よしむね》男〔爵〕※が幼少の頃、一条家に養子となって入った。当時一条家には両親を亡くした幼い娘が一人いたが、成年になってこの二人が結婚して一条家を相続することに約束されていたのであった。娘が

河村金五郎　この時に辞職した宮内次官は、石原健三（中村雄次郎宮内大臣も辞職している）。河村は一九一五年に宮内次官を辞職している。

九条良致男〔爵〕　九条道孝の子。貞明皇后の兄弟。

大きくなってから、この養子を嫌ったために、ついに里方の九条家へ帰されてしまった、といういきさつがあって、一条家と九条家とは仲違いの形になっていたのであった。また当時一条家の娘が幼かったために、爵位の中継ぎとして、細川家から夫婦養子が入っていたのであるが、その二人の間には娘があって、今上天皇の皇后の候補が問題になっていた時には、まさに結婚の適齢期にあったのである。それが、良子女王との御結婚が発表になるとすぐ、伏見宮家に嫁に行ってしまったので、いかにもあてつけたように世間には見えたのである。それが今の皇太后が九条家から上っておいでになったので、五摂家の争いというように取り沙汰されていたのであろう。

ついでに説明すると、華族のうちに跡継ぎがない場合には、爵位は直ちに没収されることになっていたので、一条家では娘が幼いためにその跡継ぎとして細川家から夫婦養子を入れていた。家付きの娘が大きくなって大炊御門家《おおいみかどけ》から養子を入れた時に、その相続をめぐって裁判沙汰にまでなったが、その結果は家付きの娘に大炊御門家から入った養子が一条家を相続することになった。

秩父宮

今の陛下も、秩父、高松の両宮殿下もまだ御幼少の頃で、後に三笠宮の御殿になった表町一丁目の皇子御殿にお住まいになっていた頃、私たち皇后宮職のものが共同で陛下と秩父宮に自転車をお贈りしたことがあった。その時お贈りした自転車は、陛下に三輪車、秩父宮には二輪車であった。普通に考えるとまるで逆なので変に思われるであろうが、しかしこれは事実であって、幼少の頃の秩父宮がいかに腕白であったか、これによってもうかがえるであろう。私はまた、秩父宮が木馬から本物の馬に初めてお乗りになった時に、別当※がついていてお乗せしようとすると、殿下は怒ってやにわに足で別当を蹴飛ばされた、ということを聞いたが、後に成年になられた殿下のあの闊達な御気質はその当時すでに芽生えていたのである。

殿下が十三、四のある年の暮れの頃であったと思う。その年は不作で、もち米が非常に高かった。それをお聞きになった殿下が会計係のものに特別に一同にも

別当　親王家の職員で、親王を補佐し、家政・会計などをつかさどり、職員を監督した。

ち米代を支給するようにお命じになった。ところが何分まだ少年の殿下の御命令であるので、会計係ではあまり重きをおかずにそのまま聞き流してしまった。すると殿下がその後再びもち米代を支給したかどうかお聞きになったので、そこはいい加減にお答えしていると、もし支給したなら受け取りの判があるだろう、それを見せてくれ、と言われてどうしても承知されない。会計の方でもついに困ってしまって、正月になってからもち米代を支給して皆から判を取った。

また、御成年になられる前年の三大節の時のことであったと思う。当時宮内省の関屋次官※は、皇子御殿の向かいの官舎に住んでいたが、官舎が近いのでその日も御殿に御機嫌伺いに上った。やがて秩父宮が大礼服をお召しになって出てこられた。関屋次官はおせっかいで細かなところに気のつく口やかましい人物であったが、見ると殿下の勲章の副章が反対についている。そこで早速殿下の副章の位置が反対であると御注意を申し上げた。ところがそれを聞かれると殿下は非常に腹立たしげに、

「一体お前は何をしにここへ来たのか！」

と言われたので、関屋次官はどうして御立腹されたのかわけのわからぬままに、

関屋次官
関屋貞三郎。内務官僚を経て、一九二一年より宮内次官。

「御機嫌をお伺いに参りました。」

とお答えすると、

「それなら用がすんだら直《す》ぐ帰ればよいではないか。何故自分に注意をする必要があるのか？　自分にはちゃんと傅《ふ》育《いく》官長がついている。言いたいことがあるなら傅育官長に伝えればよいではないか！」

とますます威猛だかになられるので、関屋次官はほうほうの態で退きさがった。

さて、これには次のような原因があった。当時の傅育官長は松浦さん※で、以前にはこの人が今言った関屋次官の住んでいた官舎に住んでいたのであったが、関屋次官が次官になった時、適当な官舎がなかったので、松浦傅育官長を高輪に追いやって、自分がその後に住んだのであった。そこで松浦さんは遠い高輪から皇子御殿に通わねばならぬ破目になったのであるが、そのことに対して秩父宮が非常に同情をされて、関屋次官に対しては並々ならぬお怒りを抱いておいでになったのであった。ところがそこへもってきて関屋次官がお伺いしたので、これはよい機会だというので、わざと大礼服の反対側に副章をつけてお会いになった。それには、殿下は前もって次官が出しゃ張りで口やかましい人物であることを御承

松浦さん　松浦寅三郎。女子学習院院長。

知だったわけで、そこに機略をお思いつかれたのである。関屋次官はそれにまんまとひっかかってしまったのだ。

当時三殿下は毎週一回土曜日にお揃いで両陛下に拝謁のために御参内されていたが、ある土曜日のこと、三殿下が奥にゆかれ、供奉のものには「おしたため」が出ることになり、私も接待取扱いのためにその席に出入りした。この「おしたため」というのは「おやつ」というほどの意味のもので、寿司に吸物に酒も出された。ところで、いつもなら酒を飲む傅育官たちがその日に限って酒には手もつけない。東宮職の人たちばかりが酒を飲んでいる。傅育官の中で吉松という小児科の医者がいて、この人が酒好きでいつも愉快そうに酒を飲んでいたのが、その日は東宮職の方をうらめしそうな眼ざしで見るだけでどうしても酒に手をつけようとしない。そこで私は変に思って聞いたところが、当時の傅育長官〔官長〕三好氏※から禁酒令が出たので飲めないのだという話である。さらに追及してみると、秩父宮が子供であるのにお酒が好きであったので、それはよくないから成年になられるまではお付きのものが酒を慎しめば、自然殿下もお慎しみになるであろう、ということから、ついに禁酒令となった、というのであった。

三好氏　三好愛吉。元第二高等学校校長。

この殿下の酒好きは後に成年になられてからも相変わらずで、宮中で皇族方の宴会がある時など他の皇族方がお帰りになっても、殿下は独りいつまでも遅くまで飲んでおられて、女官の部屋にまで行って騒いでおいでになったことを私は今でも思い出す。恐らく当時の殿下には、皇族という一つの古いわくからはみ出した、もっと広い自由な世界への渇望というようなものがおありになって、それがはばまれているというお気持ちが自然に内攻し、そのために酒に酔うというような形になってあらわれていたのではあるまいか。当時警視庁では殿下のお帰りが遅いので、警備の関係もあり、いつもお帰りの時間を問い合わせてきていたものであるが、殿下はいつもこっそり裏づたいにお帰りになってしまわれた。また秩父宮御殿の警士は、官服を着けずに皆背広を着ていた。こういうところにも殿下のお気持ちがうかがえた。

大正天皇御大葬の翌日、私が内謁見所前の検番に立っていると、偶然にも廊下で秩父宮と高松宮がお会いになった。

「どうです、疲れたでしょう?」

「いや、ちっとも疲れない。」

恐らくそんな話であったろう。不意に秩父宮が内謁見所にゆく階段に近づいてこられると、大股に飛び上がって、三歩で階段を上ってしまわれた。それから下においでになる高松宮を御覧になって「どうだ、まだこの調子だ。」と言わんばかりに笑われた。この時はまだ両殿下とも二十そこそこの若者である。前日秩父宮が御大葬の行列に徒歩で従われたことについて、弟の宮がお問いになったのである。するとそこへまた、北白川宮大妃殿下※が松葉杖をつきながらそろそろ歩いておいでになった。そして、階段下に立ち止まられ、「何をしているのか？」といった御様子で二人を御覧になっていると、高松宮が、「一寸杖を貸して下さい。」という風に妃殿下から杖をお取り上げになり、さっさと階段を上ってしまわれた。妃殿下は「まあまあ、またいつものいたずらがはじまった！」という御様子で笑いながら見ておいでになったが、秩父宮が上から、「さあ、早く上っておいでなさい。」とおせかしになる。しかし妃殿下は、「杖がないじゃありませんか。」とやはりお笑いになって、じっとしておいでになる。そこへ高松宮がようやく妃殿下のびっこの歩き振りを真似ながら降りてこられたので、またひとしきり三人が

北白川宮大妃殿下　北白川宮妃房子。北白川宮成久王の妻。明治天皇の七女。大正天皇の異母妹。

お笑いになって、内謁見所の方に行ってしまわれた。
その日は、各皇族が宮中にお揃いになって御一緒で多摩陵※へ御参拝になったのであるが、北御車寄から、いよいよ各宮殿下が自動車に乗って御出発という時になって、秩父宮は高松宮をお誘いになると、自分たちの自動車には乗らずに北白川宮妃殿下の自動車にお乗りになって、妃殿下を中心にはさまれて出発されてしまった。
こういうことなど、別にとりたてて言うほどのものではないかもしれないが、私自身は大正天皇が葉山で御病気御療養中の時など、よく秩父宮が皇后宮職においでになって、葉山との直通の電話で父陛下の御病状をお聞きになったが、その後必ず真っ先に北白川宮大妃殿下にお報《しら》せになっていたのをお見かけしていた。妃殿下が北白川宮殿下※と巴里《パリ》に御滞在中、自動車事故で宮殿下は亡くなられ、妃殿下もまた不具者《ふぐしゃ》となられ、それから帰朝されて見ると、兄になられる大正天皇はすでに御脳をわずらっておいでになった、という身辺に不幸ばかりがつきまとっている状態であったので、この叔母君に対して秩父宮が特に気を配ってお慰めになっていたのではないかと想像されたのであった。

多摩陵
大正天皇陵。

北白川宮殿下
北白川宮成久王。留学先のパリでドライブ中、事故に遭い死亡した。

秩父宮殿下が英国の御留学からお帰りになって、世上に松平勢津子姫※との御婚約の噂が広まった時、最初に私の頭に浮かんだのは、まだ十五、六の少女の頃の勢津子姫の可愛らしい姿であった。

松平夫人※は鍋島侯から松平に嫁になった人であったが、当時は宮内省の御用掛をしていて、皇后陛下とも親しくされていた。それで松平氏が大使になって英国に赴任する時には、お別れの御挨拶をするために参内《さんだい》してきた。その時夫人は初めて娘の勢津子姫を連れて参内したのであった。私にはその時の印象があるので、松平夫人、皇后陛下、勢津子姫と三人を結んでみて、何かうなずかれるものがあった。

当時世上では、秩父宮が英国に御留学中、松平大使の官邸で勢津子姫と親しくなられたのだ等と紛々として違った噂がまかれたのであった。もちろんそれもあったであろうが、直ちにそれと御結婚とを結びつけるのはどうであろうか。当時宮家の御結婚にはどういうものか興信所を通して調査される慣わしがあったが、その興信所の調査員が私の家に、松平勢津子姫について調べに来た時、他にも六、七人候補者があるのだということを知らせてくれた。もし最初から勢津子姫に内

松平勢津子姫
松平節子。秩父宮と一九二八年に結婚。その際、名前を勢津子と改めた。

松平夫人
松平信子。外交官松平恒雄の妻。佐賀藩主家鍋島直大の四女。

定していたのだとするならば、他の六、七人の候補者の調査をする必要がどこにあったのであろう。あるいは万一の場合を考えて一応他の候補者の調査をやっていたのかもしれない。また秩父宮の御気持ちとしては勢津子姫でなければならなかったのにもかかわらず、周囲のものが他の候補者を推薦していたのかもしれない。いずれにしても、私にはこの御結婚に対しては、皇后陛下の御意向が大きく加わったのではなかろうかと考えたのであった。

第六部

三代禁裡《きんり》秘話

日清戦争開戦秘話

宮中に西一の間、二の間というのがある。この二つの部屋に関する限り、いかなる拝観者があっても説明を許したことがない。部屋としては宮中の中の多くの部屋の中で、特別にどうという部屋ではない。八畳ばかりの部屋が二つつづいているだけである。そこで私も疑問に思ったのであったが、ある時、私はそのことを古参の児玉という舎人《とねり》に聞いてみた。するとこの鹿児島の藩士の出である大きな爺さんは、

「うん、そのことなら俺がよく知っている。」といかにも得意そうな表情である。

「あの時には俺も陛下の舎人としてあの部屋の設備をしたり見張りに立ったりした。もう二十年になるかな。いや、あの時には全くどうなることかと心配したよ。宣戦の布告を出すか出さぬかが、とにかくあの時に決定したようなものだからなあ……。」

しばらく、昔を思い出す風に彼は考え込んでいた。

「いや、あの時の山本海軍大佐※の議論は凄まじかったな。とにかく、海軍力の比率やら、戦力の統計やら、実に詳しくまくしたてるものだから、さすがの伊藤公や陸奥外務大臣※も太刀打ちできないのだ。あの時は、むろん皆が開戦には反対だったのだ、しかし皆慎重に構えこんでなかなか発言しない。というのは、もちろんことが重大であることはわかっているが、隣室には陛下が臨御になっていて、会議の発言を聞いておいでになったからなのだと思うね。ところがさすがに伊藤公や陸奥さんは遠慮はしない。堂々と自分の思ってることを述べる。戦争はしない方がよいと言うのだ。それに対して山本さんが、今言ったように、詳しく、必ず勝つという理由を述べたんだが、とにかくその時山本さんはまだ大佐なのだ。恐らく大佐でもその重大な御前会議に出席していたくらいだから、階級は下でも枢要な仕事をあずかっていたに違いない。あるいは副官のような立場にあったのかもしれないが、当時海軍は薩摩藩の勢力だったからそういった背後の力も加わっていたのかもしれない。その山本大佐の論陣に対して、伊藤公も陸奥大臣もほとほと困ってしまっていた。この会議はとうとう二日間に亘《わた》ってつづられたが、その日に結末が出たかどうかは、もちろん俺などにわかるわけはなかったが、結果

山本海軍大佐　山本権兵衛。薩摩藩出身。後に内閣総理大臣となった。

陸奥外務大臣　陸奥宗光。紀州藩出身。

はあの通りさ。」

そう彼は日清戦争が開戦と決定するまでのいきさつを話してからさらに付け加えた。

「そういう重大な会議が行われて、しかも陛下が臨御になっていたというので、あの部屋は一般には説明をしないことになったのだ。」

彼は自分の言葉が私に十分感銘を与えたと思ったのであろう、一人で満足げにうなずいて見せた。

これだけでは、やはり納得できぬものがあったが、考えてみると、天皇陛下は政治に関して御自分の意思表示をされぬもので、これは明治から昭和に至るまで各陛下が一貫してとってこられた御態度であった。特に日清戦争開始のこの時分は、憲法発布後間もないことであり、立憲政治というものを確立されるために努力されておられた時期なので、こういう重大な会議に、陛下が何か影響を及ぼし得たというような誤解を一般国民並みに諸外国から受けぬよう、こういうことにまで慎重な措置を講じられたものであろう。

山本大佐というのは、後に海軍大将となり、日露戦争の時は海軍大臣であった、あの山本権兵衛伯のことである。

風の三条実美公

これも、ある冬の寒い晩、仕人仲間がカーヘルを囲んで暖まりながら、四方山の話に花を咲かせていた時のこと、ある先輩の仕人が言った。

「維新の元勲のうちでも、陛下に御信任の厚かったのは、なんといっても三条実《さね》美《とみ》公だったな。」

「そりゃお前《め》え……」

すぐ後を引き取ったのは仕人の取り締まりをやっていた小林伴さんである。前にも書いたように、仕人たちはもちろんのこと、相当の高官の人のうちにも江戸弁をやる人があったが、特にこの水戸の藩士であった小林さんのは全くのべらんめえ口調だった。

「偉れえには違げえねえが、それだけべら棒に変わってたな。」

それから、いろいろと三条実美公について話が出た。

三条公はなで肩のきわめて小柄な人物であった。細面で俗に公卿髭《くぎょうひげ》といわれる垂れ下がった細い髭を生やしていた。この人はそういう小柄な人でありながら、歩くのは大股で、しかも音もなく歩くので、宮中の廊下などを歩いているのを見ると、まるで風が通り抜けるような具合で、脇目もふらずスーッと行ってしまう。それが、目的の場所に着いて自分の席に座ると、ぴしっと膝を揃えて、それからは何事が起ころうとも絶対に体を動かしたことがないという。

きわめて行儀のよい寡黙《かもく》な内裏雛《だいりびな》のような人であったが、それでいてなんとなく威厳があった。この人は明治陛下の御信任が非常に厚く、大臣の時、陛下が行幸にあたって、「朕《ちん》が留守中は身代わりとして頼む。」と仰せになって、御璽《ぎょじ》※をおあずけになったということであるが、御璽は陛下の御印《みしるし》であって、御璽をおあずけになったのは後にも先にもこの人だけであったという。

この陛下の御璽について、私は今でも思い出すのであるが、私が初めて仕人になった頃のこと、宮殿の御車寄を入ったところに右廂《みぎびさし》、左廂《ひだりびさし》の部屋があり、その左廂の室で内大臣の属官一名と秘書官一名とが、毎日毎日勲章を賜る時の勲《くん》記《き》に御璽を捺《お》していた。その勲記は日露戦争に賜った勲章に対して出すもので、

御璽
天皇の印鑑。

日露戦争当時から、明治四十三年頃まで毎日二百枚ずつ捺されてきたものであった。それから考えても、いかに多くの勲章が出されたかが想像できるわけであるが、この勲記は勲三等以上には、陛下が直接御署名になって、その脇に内大臣が立っていて御璽を捺すのだということも聞いた。

二重橋。奥に見える車寄前の鉄橋を二重橋という。手前の石橋は昔西丸大手橋と呼ばれていた。共に木橋であったが二重橋の方は明治二十一年(1888)十月の竣成で、大手の石橋はその前年の十二月に落成した

特別御料儀装車。これは第一公式の場合の儀装馬車で、まだ自動車のなかった時代に、外国使臣などの出迎えに用いられた

大正天皇生母柳原二位局

宮中で行われた仮装行列

大膳職

女官の服装

明治維新の元勲三条実美(1837-1891)

明治天皇の侍従長をつとめた
徳大寺実則(1839-1919)

乃木夫妻は大正元年(1912)明治天皇大葬の夜殉死したが、この写真はその前日にうつしたもの

天盃恩賜《てんぱいおんし》と将校副馬の由来

人も知るように、蜂須賀侯※の先祖は野武士どころか盗賊であったということであるが、私が知った頃の蜂須賀侯爵はすでに好いお爺さんであった。浅黒い丸顔の丸々と肥った柔和な眼指しをした人物であった。

ある年、宮中で新年宴会の御陪食が終わった夜であった。仕人仲間がカーヘルを囲んで、その日の宴会の模様を話し合っていた。その中で、さすが重臣ともなれば天盃《てんぱい》も珍しくないとみえて、あれほど皆が大事がって持って帰るその天盃を忘れていった人があったというような話が出た。するとやはり古参の仕人が、

「そのことなんだが……」

と話を引き取って、蜂須賀侯の話をした。

「いや、あの爺さん見かけに寄らず、あれでなかなかきかん気の人なんでね。」

そう言って次のような話をした。

以前は宮中で御陪食には、陛下がお飲みになった盃を順に回して、いわゆる陛

蜂須賀侯
蜂須賀茂韶。徳島藩主家。文部大臣・東京府知事・貴族院議長などを歴任。

下のお流れを頂戴したものであった。ところがある時、やはり陛下の御盃が順々に回って、やがて蜂須賀侯のところにきた。蜂須賀侯はくだんの盃をグッと一気に飲み干すと、うやうやしく両手で盃をささげて、

「天盃《てんぱい》有難く頂戴仕《ちょうだいつかまつ》りました。」

といってのけるやいなや、アッという間に盃を懐中に入れてしまった。驚いたのはお流れをまだ頂戴していない末座の人たちである。怒るわけにもゆかず、あっけに取られていると、それを御覧になった陛下は、すかさず、

「蜂須賀、さすがは御家柄だのう！」

と仰せられたので、緊張していた一座の空気がほどけて、どっと賑やかな笑い声が起こった。

それ以来、天盃は三大節の時に、銘々の膳につけてそのまま御下賜になることになったということである。

「それでは俺も一つ話そう。」

今度は別の古参の仕人が話し出したが、その話というのはかいつまんで言うと、ある時、明治陛下が御運動で振天府《しんてんふ》に上がられた時、山の下を一人の別当が悠々

と馬に跨《またが》ってゆくのをお目にとめられて、

「あの馬は誰の馬か？」

と側近のものにおたずねになった。そこで側近のものが、あれは某将校の馬であるとお答えすると、陛下は、

「朕の馬にも、朕が乗らぬ時には、やはりああして乗るのか？」

と笑いながら仰言《おっしゃ》った。側近のものはすっかり恐縮してしまった。それをどう陸軍が伝えきいたのか、それ以後将校には、別に別当用の馬がつけられるようになったのだということである。

──明治版曽呂利新左衛門《そろりしんざえもん》

冬の寒い日には、検番の交替で詰所に帰ってきた仕人や、用のない仕人たちがカーヘルを囲んで世間話にふけるのが一つの気晴らしであるが、こういう時に、古参の仕人は好んで古い時代の宮中のことを話したがったものである。そういうようなある日、河原という仕人がこんな話をした。この河原という男は、仕人仲

間でただ一人、髭をたくわえていた人物で、髭の手前何か面白いことをしゃべる義務を感じたのかもしれない。

「そうそう、みんなは××という内舎人《うどねり》を知ってたかね？」

その時、彼はこういって、われわれの顔を見回したものである。彼はおもむろに髭をしごいていた。

「いや、全く面白い男がいたものさ！」

彼はこういうような前置きをしてから、私のいわゆる〝明治版曽呂利新左衛門※〟の話をしたのである。私はこれをいかにも明治の宮廷らしい挿話として、面白く聞いたのであるが、なにしろ何十年も前のことなので、ごく僅《わず》かしか記憶に残っていない。いかにも惜しいような気がする。

――多分、明治陛下の御壮年の頃だったろう。その内舎人は、陛下のお側近くにお仕えしていた。この内舎人は、陛下が行幸される時には、お召しの馬車の御者の脇に座ってお供をしたり、陛下が馬車からお降りになる時には、いちはやく馬車から飛び下りて馬車の扉を開いてお待ちするといったことや、宮中で陛下が御座所に出入りされる時にも、その扉をお開けする役をやっていた。この男には

曽呂利新左衛門　曽呂利新左衛門は落語家の名跡。

こういう勤めがいかにも板についていて、動作が機敏である上に、むしろ優雅でさえあった。そして、陛下のお気持ちの機微を瞬間的にとらえるのに巧みで、陛下の出御、入御のおりおりに、外のものからはいかにも突拍子もないと思われる場合でも、真面目くさって、狂歌を一首詠み上げるのである。その狂歌がまたその場の情景にぴったりしたものだったので、あの御威厳のおありになった陛下でさえ、さすがに可笑しさのあまり、笑いを爆発させておしまいになることがおありだったという。行幸のおりなどは、お馬車の扉を開いてお待ちしながらそれをやるので、行幸先での陛下のお気持ちを随分おやわらげするのに役立ったということである。

この男は、陛下の御前にいる時ばかりでなく、元来生活そのものが狂歌的にでき上がっていて、この男のいるところは、どこでもきっと笑いが巻きおこされていたのだった。ある大演習の時に宿舎で、陛下に扈従《こしょう》していったもののフトンが足りなくなり、皆が不平たらたらでなかなか寝ようとしないことがあった。ところがその時、この男が一首の狂歌を詠んだために、さしもの不平もたちまちどこへやら、みんなが仲よく雑魚寝で我慢したということもあったそうである。この時の狂歌はもう忘れてしまったが、たった一つ、私の記憶に残っているものがある。あまり上品とはいえないし、恐らく彼としても不出来な一首なのであろうが、私は私なりに、いろいろ感ずるところがあって、未だに忘れずにいるのである。

ある時のこと、明治陛下がお部屋にお入りになろうとして、ふと、床の間に生けてある白桃と椿の花をお目にとめられた。そこでちょうどその扉をお開けし、頭を下げて控えていたその内舎人を御覧になると、

「あれはどうだ？」

と仰せになった。内舎人が恐る恐る頭をあげて見ると、陛下は床の間の方をお指しになっておいでになる。

「どうだ、見事なものではないか？」

陛下はどうやら、彼の狂歌を御催促の御様子であった。ところが、あんまり突然なのでさすがに彼も急にうまい句が浮かんでこない。

「白桃に……、白桃に……」

彼は苦しそうに「白桃に」をくりかえしている。

「うん、白桃にか、それがどうした？」

「はッ！」
そうして彼は、一寸妙な顔をしていたが、たちまち一気に詠み上げた。
《白桃に椿をつけてさしこめば
床の上にて木は生きにけり》
「ワッ、ハッ、ハッハ……」
陛下は呵々大笑《かかたいしょう》されると、お部屋の中に入ってゆかれた、ということである。
この狂歌は、今では巷間《こうかん》にも伝わっているようであるが、その原作者が彼であるのか、あるいは彼はすでにその狂歌を知っていて、この場合当意即妙《とういそくみょう》に詠み上げたのか、そこのところは私にもわからないが、話した仕人は彼の原作と信じていた。

――明治天皇と乃木大将

陛下の御発病を知る

忘れもしない、明治四十五年の七月十九日の夜のことであった。

私は同僚の一人と吹上御苑にある御馬見場を見回って、その帰りに宮内省官房の前を通ったのであるが、いつもは灯を消して、あたりの静寂にとけあっている官房の中が、その夜に限って、明るく電灯がかがやき、何か騒がしく人々が動き回っている様子であった。しかし、私たちは何があったのだろうと思っただけで、別に深くも考えずに、そのまま詰所に帰って寝室で寝てしまったのであるが、それからしばらくたって、私は小用に起きた。ちょうど寝室の前に警士が立っていたので、ふと、さっきのことを思い出して聞いてみた、ところが意外にも、《お上が御大患である》という。私は非常に驚かされた。

そしてその翌朝私は松方侯爵※の運転手をしていた甲斐という鹿児島出身の男に会い、その男から、昨夜松方侯爵に宮内省から通知があって、直ちに自動車で宮内省にゆかれたということを聞いた。松方侯爵はその時、運転手に向かって、常になくせきこんだ様子で、

「国家の重大事だから、たとえ人をひき殺してもかまわない、全速力で宮城《きゅうじょう》に行ってくれ！」

と言ったので、とにかく盲滅法スピードを出して走り、坂下門をくぐって宮内

松方侯爵
松方正義。薩摩藩出身。大蔵大臣や内閣総理大臣を歴任。元老。

省の玄関に着けた。考えてみると、どういう風に運転して、どういう風に坂下門をくぐり、宮内省の玄関に着けたのか、一向思い出せない。それほど夢中で運転したが、三田の松方邸からわずかに数分で宮内省に着いたということであった。私は、これはただごとではない、と深い憂いに包まれたのである。

その日から重臣や高官たちが、それぞれ憂いを顔にたたえてぞくぞく参内してきたが、たしかその日に官報の号外で、陛下の御不例が発表になったと記憶している。

参内してきた高官たちの接待は、私達仕人の役目であるが、この時の私たちの忙しさは目の回るほどであった。もちろん、非番の時でも休むことはできず、一日中立ったままで、寝ることもできなかった。ちょうど真夏の暑い頃なので、氷やらサイダー、麦茶などを大膳職で用意し、それを私たちが注いで回ったのである。陛下が崩御になり、御大葬が行われ、すべてが終わった夜、私たちは初めて寝ることができたが、仕人たちのうちで翌日起きることのできたものは、私を入れてわずか三人きりであった。

陛下の崩御と乃木大将の態度

明治天皇が御大患になられてから、毎日毎日天機奉伺《てんきほうし》に参内してくる多数の文武の高官たちの中で、私が特に心をひかれたのは乃木大将※であった。乃木大将はその頃、日に三回も参内されたように記憶している。しかし、それで特に乃木大将を注意して見ていたというわけではなく、私は元来、乃木さんはきっとこういう人に違いないと思っていたので、その期待から、実際陛下の御大患に際して、乃木さんがどういう態度をとられるのか、ひそかに見てみたいという強い好奇心をもったのであった。

それまでにも、乃木さんについてはいろいろ聞かされていて、乃木さんの気持ちには同感することが多かったのである。乃木さんが西南戦役の時に軍旗をなくし、それが不可抗力であったにもかかわらず、その責任を感じていつまでも自分を責めていたことや、日清戦争の時に、現役の将官が馬蹄銀《ばていぎん》を着服して裁判沙汰にまでなった例の馬蹄銀事件※では、乃木さんはあくまでもその責任を追及しなければならぬと主張したのであったが、調べてゆくに従い、事件が多くの将官連中に波及して、まかりまちがえば陸軍総崩れの事態にまで立ち至りそうな恐れが

乃木大将
乃木希典。陸軍軍人。日露戦争における旅順攻略戦などを指揮。学習院長。

馬蹄銀事件
清国の馬蹄銀（銀塊）を、派遣部隊が横領した事件。

あったために、ついにこの事件はうやむやに葬られ、あくまでも粛正を主張した乃木さんが逆に予備役に編入されてしまったこと。その後日露開戦となった際、明治陛下から乃木はどうしているかという御下問《ごかもん》があって、そのために乃木さんが第三軍の司令官に任命されたことや、日露戦争に勝って世の中がようやく平和に馴れ、とかく浮わついていた時に、特に明治陛下の思し召しで学習院長に任命され、それまでの学風を一変して質実剛健な気風を導入したことなど、こういうようなことで、気骨一点張りの教育を受けて育ってきた当時の若い私は、乃木将軍をいつの間にか敬慕《けいぼ》するようになっていたのである。宮内省の仕人となって、直接宮中で乃木さんにお目にかかるようになると、私の将軍に対する敬慕の情はいよいよ強くなった。

ある日、寺内正毅大将が初代朝鮮総督として、初めて帰京された時のことである。その日、東京に着いた寺内総督は、文武の随員を従えて、直ちに宮中さしまわしの馬車で、公式の参内をしたのであるが、二重橋を渡り、西溜《にしたまり》の間に入ったその顔には、今をときめく総督としての得意さと、困難な事業を遂行している人間特有の満ち足りた表情とが読みとれたものである。

私はちょうど、参内者の取り扱いで、西溜の間に出入りしていたのであるが、その場で寺内総督を出迎えた人たちのうちには、長谷川元帥※、黒木大将※、川村大将※、乃木大将など、数名の先輩の将官たちがいた。寺内さんは真ん中の椅子に座って、悠然と構え、葉巻をふかしながら何か話している。それを取り巻くようにして、将官たちが直立したまま聞いている。私にはその様子が、なんとなく寺内総督に迎合しているように見えた。

その時の寺内さんは、日韓合併の立役者として辣腕《らつわん》をふるい、引きつづき総督として朝鮮にとどまって、種々改革を断行していた時でもあり、その最初の御報告に参内したわけであるから、そういう総督に対して、先輩の将官たちが一応敬意を払ったのも当然であったろう。しかし、それが私には、妙にへりくだったところがあるように思われた。だからその時の私には、それからの将官たちの態度が何か腹立たしく感じられたのである。これは権威に対する人間本来の反発ともいうべきものであろうが、私がちょっとそれを感じて、さて気がつくと、乃木さんだけは寺内総督の隣の椅子に座っている。そして、前の小卓に頬杖をつき、胡《ご》麻塩《ましお》の頬髭《ほおひげ》をむしりながらときどき寺内総督の話にうなずいている。その様子が

長谷川元帥　長谷川好道。陸軍軍人。参謀総長や朝鮮総督などを歴任。

黒木大将　黒木為楨。薩摩藩出身。陸軍軍人。近衛師団長や軍事参議官などを歴任。

川村大将　川村景明。薩摩藩出身。陸軍軍人。東京衛戍総督、鴨緑江軍司令官などを歴任。

私には、いかにも乃木さんらしく思われた。これは何でもないことだったかもしれないし、みる人によっては逆に、乃木さん特有の意識的な態度だとするかもしれないが、私は、そういう乃木大将を、その時の他の将官たちに比べて、はるかに好もしく感じたのであった。

こういう私の乃木さんに対する気持ちと、乃木さんがいつも明治天皇に御恩を感じて敬慕していたということから、この御大患に際して、乃木さんがどういう態度をとるか、特に注目していたわけなのである。

しかし、日に三回も参内されたことのほかには、とりたてて乃木さんの態度に変わったところは認められなかった。まして、あのように壮烈な殉死《じゅんし》をとげた乃木さんを考えさせるような行動は、全然うかがうことができなかった。

陛下の御大患が発表された時の国民の驚愕は大変なもので、二重橋外のお濠《ほり》の畔《ほとり》には、毎日何千という市民がやってきて、皇居に向かって跪《ひざまず》き手を合わせて拝み祈っている。日蓮宗の信者などは、太鼓を叩いて踊りくるいながら陛下の御平癒をお祈りしたりした。毎日毎日何とも言えない悲痛な空気が二重橋の外に漲《みなぎ》っていた。一方宮中では、特に青山胤通《たねみち》博士、三浦謹之助博士をお召しになって、陛下の御手当てに死力をつくした。毎日数回にわたって御容態が発表され、その都度ますます御病状が重くおなりになってゆくのがわかった。皇后陛下も、柳原典侍、園権典侍を伴われて陛下の御病室にお詰めになり、御自身で氷嚢《ひょうのう》をお替えになって御看護されたようにうかがっている。各国の元首や著名な人たちから、毎日何通となくお見舞の電報が届いた。

しかし、三十日午前〇時四十三分、ついに明治天皇は崩御されたのである。その報《しら》せがあった時の二重橋の外の光景は、今思い出しても全く悲痛の極みであった。何千という群衆が声をあげて泣いたのである。その慟哭《どうこく》の姿がいかに言いあらわし得ないものであったか、およそ想像がつくであろう。

明治天皇崩御の直後、皇太子殿下は正殿において践祚《せんそ》の式をあげられ、天皇陛下の御位をつがれた。

こういう間にも、乃木大将は引きつづき毎日参内していた。やはりとりたてて変わったところもなかった。私自身、明治天皇の崩御がどれほど乃木大将に打撃を与えたか、想像にあまるほどであったので、少しも乃木大将に変化があらわれないとなると、却ってなんとなく不満にさえ思ったくらいである。そのためになおさら、乃木大将をつけ回すように注意していたのであるが、ある時、それは御舟入れ（御納棺式）の日であった。私が検番に立っていると、誰かが一人で歩いてくる足音が聞こえた。低いが、どこか強くこたえるような足音は、恐らく陸軍の軍人に違いない、そう思いながら見ていると、やがて廊下を曲がってあらわれたのは乃木大将であった。乃木大将はいつも顔を真っ直ぐにあげ、胸を張って歩く人であったが、その時も顔を真っ直ぐに起こしていた。しかしなんとなく感じがいつもと違っていた。どういう違いかというと、いつもなら検番に立っている私たちの姿など、すぐ敏感に気のつく人であったが、その時は、私の存在にさえ気がつかずに歩いてきたらしいのである。

やがて大将は不意に立ちどまると、直立して奥の方にむきを変え、長い間敬礼していた。そして敬礼が終わると、またもとのように歩いていった。乃木大将が立ちどまって敬礼した階段の上は内謁見所で、その奥には先帝の御座所があったのである。

やがて御舟入れが済むと、陛下の御遺骸《ごいがい》は宮殿の正殿に安置された。そして位階勲等に従いお通夜の時間が規定された。最高が九時間で最低の男爵が四時間であった。別則として、親任官は個人としていつでも奉仕できることになっていた。この御通夜には当番制がしかれ、当番は三十分交替であった。

すべての高官がこの規定に従ってお通夜をしたのはもちろんである。ところで乃木大将は自分の当番の時はもちろんのこと、当番以外の日にも、毎日欠かさず昼夜棺側に奉仕していたのである。それが御大葬の前日の九月十二日までつづいた。その奉仕の様子も、大抵の人は三十分の交替時間にはすぐ出てきて、平野水※とかサイダーとか麦茶とかを待ちかねたように飲んだが、乃木さんはほとんどそういうことをしなかった。奉仕するものは、ちょうど映画館の観覧席のように、御遺骸を納めた棺を前に幾列にも並べられた椅子に座ってお守りするのであるが、真夏のことではあり、大勢のものが一室に閉じこもるわけだったから、部屋の中はむっとするほど暑かった。中には厳粛であるべきはずの奉仕を忘れて、ついうかうかと居眠りなどをするものもあり、鼾《いびき》の声がもれてくることさえあった。しかし乃木さんは決して崩れることがなかった。いつも端然と座ったまま、じっと眼を開いて正面の御遺骸を見つめていた。私はその乃木さんの様子を係の仕人から聞いたのであるが、私が係をしていた食事の方でも、乃木さんはまた人とは

平野水
後の三ツ矢サイダーのこと。兵庫県川辺郡多田村字平野で平野鉱泉が発見され、三菱商会が平野水として炭酸水を発売した。

違っていた。あの時は奉仕する人たちに弁当を賜ったが、その弁当は銀座の大升が納めたもので、三重の杉折の立派なものであった。その弁当を乃木さんは、自分が当番にあたっていた日以外には決して食べなかったのである。予備の弁当も沢山あったし、あまればすぐ腐るので、結局捨てなければならないのだったが、私がそのわけを話していくら乃木さんにすすめても、どうしても食べようとはしなかった。食事時分になると、乃木さんは一人で馬に乗って、どことも知れずに出て行ってしまい、十五分ぐらいたってからまた戻ってくるのである。だが当番の日にはもちろん御下賜の弁当を食べた。しかし決して高官たちの食べるところでは食べず、いつもきまったように御遺骸の棺側に交替で立っていた少尉、中尉のゆく食堂で食べていた。そこにゆくと乃木さんは、

「仲間に入れて下さい。」

と丁寧に言って、皆にお茶まで注いでやっていた。食事中も、なにかと砕けた調子で皆と話をした。そして、食事が終わると、

「おじゃまをしました。」

と再び丁寧に言って席を立つのであるが、そういう時に、ポケットから小さな

本を取り出して、

「交替の休みの時にでも読んでみなさい、ためになるから……」

と言って、その本を置いていったりすることもあった。

御大葬と乃木大将の殉死

いよいよ九月十三日の御大葬の朝になると、初めて婦人にもお許しが出て、お別れの参内にやってきた。乃木大将も夫人を同伴してきて、御遺骸に最後のお別れをした。

昼は、御大葬に参列するために集まった各国の使臣に御陪食が仰せ出され、乃木大将はその接伴長《せっぱんちょう》であった。ところが、その大切な役目を仰せつかった乃木さんが、各国の使臣が大礼服に着飾って次々と集まってきても、なかなか姿を見せないのである。とうとう時間がきて、大正天皇が出御になり、お席にお着きになったが、それでもまだ姿を見せない。式部官は顔色を変えて待っている。そこでようやく乃木さんがあらわれた。大礼服を着、胸いっぱいに勲章を佩用《はいよう》し、首飾りまでつけるという、今までに見たことがないほどの立派な様子であった。

やがて食事も無事に終わり、大勢の人が豊明殿の廊下に流れでてきたが、その雑踏の中で、乃木さんが誰かを探してでもいるかのように、あちこち見回している。私は廊下に立っていたが、どうも私を探しているような気がしたので、近づいてゆくと、乃木大将は私をすぐ見つけて手招きをした。お側によると、

「これを石黒（忠悳《ただのり》）男爵※か大原（重朝）伯爵※に渡してくれませんか？」

と言って封筒を私に渡した。私が「たしかにおあずかりしました。」というと、そのまま大将は宮中を出て行かれた。私はその封筒を本省にいた大原さんに手渡したが、いよいよ夜になって、霊柩車《れいきゅうしゃ》がお出ましになる時刻になったが、どうしたわけか、乃木大将はついに姿をあらわさなかった。

私達仕人は、その役目役目に従って、普通の仕人服のものと、衣冠束帯に草鞋のものとがあった。大正天皇の御大葬の時には、私たちは途中が長いのと、冬であったので、夜は冷えるに違いないと考え、いろいろ工夫をこらしたが、中には途中で小用をもよおしては困るというので、わざわざ小便袋を用意するものもあった。しかし、この時は秋で、それほどの大騒ぎもしなかったが、それでも種々準備したものもあった。

石黒（忠悳）男爵
陸軍軍医総監や日本赤十字社社長などを歴任。後に子爵。

大原（重朝）伯爵
公卿出身。宮内省や外務省に勤務。

やがて七時三十分、号砲がとどろくと、御霊柩車は宮城を後に青山の葬場殿へ向かって静々と進んだ。十時三十分、霊柩車は天皇、皇后、皇太后御名代、皇族、各国皇帝御名代、特派使節に迎えられて葬場殿に到着、直ちに正面の呉床《くれどこ》※に移された。祭殿両側の幄舎《あくしゃ》※には、すでにぎっしりと文武の百官が立ちならんでいる。十一時、深夜の静寂を破って喇叭《らっぱ》が鳴り響くと、それを合図におごそかに祭典がとり行われた。

それからしばらくたってからのことであったから、恐らく十二時過ぎであったであろう。一人の憲兵中佐が、何か重大な事件でも起こったといった慌てた様子で葬場にやってくると、石黒さんと大原さんを探しはじめた。しかし、時が時であり、誰も取り次ごうとはしない。私は何か気にかかることもあって、幄舎に行って二人の名を呼ぶと、何分戸外は真闇なので、どちらが出て行ったのかわからなかったが、一人の方が出て来てその憲兵にあった。

それからまたしばらくたって、私は便殿の廊下で、陸海軍の将官たちが五、六人かたまり、何かひそひそ話しているのを見かけた。その中には山縣元帥や山本大将もいたので、私はこれはただごとではない、何か重大な事件が起こったに違

呉床　腰を掛ける座具の一種。胡座・胡床とも書く。

幄舎　四隅に柱を立て、棟・檐（のき）を渡して布帛で覆った仮小屋。祭儀などの時に、臨時に庭に設けるもの。

いないと思った。その後で、枢密顧問官の船越さんが※、腹が痛むから薬を飲みたいが、お湯をくれ、と仕人の詰所に来られたので、ではさっき便殿の廊下で話し合っていたのは船越さんの病気のことだったのか、と皆は考えたのであった。しかし、私には、やはり何かあったに違いないと、妙に不安な気持ちが残っていた。

そして十四日の午前二時、いよいよ御出棺という時になって、深夜の街に鈴の音が走り、乃木大将殉死を報ずる号外が出たのである。

余談になるが、青山の葬場殿には、信濃町駅から鉄道が敷かれて、御遺骸はそこから直接伏見桃山にお運び申し上げた。御遺骸が安置されてあったもとの呉床の場所には、直ちに竹矢来《たけやらい》が組まれて、仕人が守護にあたった。

船越さん
船越衛。広島藩出身。内務省勤務などを経て一九一〇年に枢密顧問官。

徳大寺侍従長

でっぷりと肥った大きな軀《からだ》、やはり丸々とした赤ら顔、額は禿げ上がって、真っ白な髪をいただき八の字の白い口髭が束ねられたように重そうに垂れ下がって、その尻が心持ち上がっている。重厚な滅多に口をきかない人物である。この人はいつも顔を伏せている。伏せたまま眼だけが気を配るようにあちこちに動く。歩く時はきわめて静かで猫のように足音さえもさせない。

私がお会いした頃の内大臣侍従長徳大寺実則《さねつね》公爵は、そういう老人であった。明治天皇が崩御になり、時代が変わると、私は徳大寺邸内の官舎に住むようになったので、この風変わりな人物をつぶさに眺める機会にめぐまれたが、この人が頭をあげて歩くのは邸内の庭を歩く時だけであった。一旦人中に出れば、自然に頭が下がって、眼だけをわずかに動かすのである。

恐らくこういう公爵の様子は、明治陛下の侍従長として長い間お勤めしている間に、陛下の行幸に御陪乗して、いつも陛下の御前に座り、黙って頭を伏せて、しかも四方に気を配っていなければならなかった生活からきたものであろう。それがすでにこの人の性格にまで根を下ろしていたのではあるまいか。

この人はほとんど人に会わなかった。当時夫人は亡くなっていたが、兄弟にも会わなかった。子供にさえも滅多に会うことがなかった。ある時、親戚の方がおいでになるということだったが、公爵の親戚の方ともなれば、相当大勢の人が来るものと思っていたところ、嫁にいっていた娘と孫だけで、娘の主人さえも来なかった。この人はまた宴会に招待されても、絶対に出席したことがなかった。

これもまた、恐らく内大臣侍従長としての性格から、自分を極度に慎しんだもので、政治には絶対に関与してはならないという鉄則を実行されていたのであろう。またこうした内大臣侍従長としての態度は、明治陛下が強く要求されていたものでもあったであろう。しかし、こういった侍従長は徳大寺公爵をもって最後とし、その後の侍従長が、とかく政治に関与しがちであったことは、歴史が証明している通りである。

西園寺公望《きんもち》公は徳大寺公の実弟※であるが、この西園寺公がときたま御機嫌を伺いに来られたが、そういう時でも自分は出て行かないで、取り次ぎのものに、「別に変わりはないから、宜しく言ってくれ。」と言われるだけであった。

それがある時、西園寺公が来られて、初めて三十分ばかりお会いになったことがある。それからしばらくして、徳大寺公爵は辞表を提出して内大臣侍従職を辞め、千駄ケ谷の自分の屋敷に移ったのである。だからその時は恐らく、西園寺公が内閣の使者として、辞職の勧告に来られたのであろう。

徳大寺はそういう人物であったから、家計はあまり豊かでなかった。それで明

実弟　二歳の時に同族の西園寺師季の養子となった。

治陛下が御心配になって、二度ほど十万円ばかりを贈られたが、それも男子四人女子五人の子福者《こぶくしゃ》であったので、すべて子供の結婚費用などにあてられてしまったと私は聞いている。

公は自邸に引き移ってしまってからは、いかにお召しがあっても絶対に参内しなかったということであった。

公は大正八年の夏亡くなった。

――天狗党の志士

朝早くから夜おそくまで、まるで二十日鼠《はつかねずみ》のように宮中を駆けまわっている男、きわめて小柄で丸々と肥って、やかまし屋で、かんしゃく持ちで、義理人情にこり固まって、その上子供っぽいところのある六十を過ぎた老人。若い頃から宮内省に入って、各部局を回り回って、こと宮中に関する限りは知らぬことがないといわれ、まるで宮中を我が家のようにしている人――皇后宮大夫の香川敬三さん※を、私は初め、明治維新の時の水戸の天狗党※の志士であったなどとは全く考

香川敬三さん
勤王志士ではあったが、ここで述べられるような天狗党ではなかった。慶應三（一八六八）年に高野山付近で侍従の鷲尾隆聚を擁して挙兵した事件を起こしている。

天狗党
水戸藩の徳川斉昭による藩政改革の担い手勢力（尊王攘夷派）。元治元（一八六四）年に筑波山で挙兵する天狗党の乱を起こした。

えてもみなかった。

この人の忠勤振りはまことに念の入ったものであった。彼は、皇后陛下が内謁見所で参内の人たちを謁見される時には、必ずそのお側に立ち会った。こういうことは他の皇后宮大夫には見られぬことで、だから当時は皇后陛下が単独で謁見されることはなかったのである。昭憲皇太后の大夫に対する御信任は特に厚かったということで、御納戸の会計から、拝謁者の取扱いにいたるまですべて香川さんにまかせられていた。だから当時、香川さんの言葉は皇后陛下のお言葉であるとまでいわれたもので、皇族の方でさえも陛下に、香川がこう言っているが実際でしょうか、というようにお伺いになることがあり、しかも常に、そうだ、というお答えを賜ったものだということであった。やかましやの香川さんは、反面、人情に厚いところもあって、例えば、馬車を使っても、使い放しにするようなことはなく、いつも酒肴料を支給した。ある時、御者がお礼を言うと、

「陛下が有難いのではなく、その金が有難いのだろう⁉」

と笑いながら言ったそうである。これは当の御者から聞いた話であるが、そういう砕けたところもあった。

また、ある時、香川さんが、これは自分からだと言って、皇后宮職のもの一同に酒肴料を配った。それは、伊藤公が、当時沼津の御用邸に御滞在中の皇后陛下に拝謁した時に、「もうこの後にもこれほどの大夫は出ないだろう。」とこの香川さんを非常にほめた、ということが香川さんの耳に入って、すっかり嬉しくなってしまったからだ、というような原因がわかったが、そういうきわめて無邪気なところもあったので、下のものから怖がられながらも好かれていた人であった。ことに女官からは、お父さん、お父さんと親しまれて、非常に大事にされていた。当時香川さんの娘※がやはり御用掛として勤めていたが、女官はこの娘さんに対しても、お嬢さんと呼んでいた。それが五十のお婆さんになってもやはりそう呼んでいつまでも大切にしていたのである。

この香川さんについて、私は祖父から聞いたことがある。それは、かつて、徳川から岡山の池田藩へ養子を入れた時に、私の祖父が江戸まで迎えに行ったのであるが、その時の付人を人選した中に香川さんが入っていた。ところが香川さんは、岡山にしばらくいるうちに田舎がいやになり、再び水戸に帰って香川家の養子になった。そしてその後、歴史に明らかなように天狗党の志士として大いに活

香川さんの娘
香川志保子。香川敬三の長女。権掌侍取扱となり「呉竹の内侍」と呼ばれた。イギリスに留学経験があったことから、通訳や服飾担当を務めた。後に掌侍取扱となった。

躍し、一時幕府につけねらわれたところを、肥桶《こえおけ》に入れてかくまった枝本というのが、偶然私の家筋のものであった、というのである。そういう祖父の話からも、私は幾分外の人に比べてこの恐ろしそうな老人に気易いものを感じ、たまには話しかけたこともあるが、そういう私自身の家のことについては、私は全然話したことがなかった。

香川敬三さんは、大正になってもやはり皇后宮大夫として忠勤を励んでいたが、数年のちには民間から出た人としては珍しく在職中に伯爵を贈られ、その任官中に一生を終わった。

元老会議

元老会議というのは、実に妙な会議であった。何日に会議があるという規定があるわけではなく、内閣はもちろん、宮内省でもいつ会議があったのか、いつ終わったのか、誰も知るものがなかった。第一元老会議などといわれ出したのは、ずっと後のことで、伊藤公が亡くなってから、恐らく新聞紙上に初めてそう呼ばれ、それから自然と世間に広まったのではあるまいか。私たちも不意に接待を命ぜられて、行ってみると、それが元老会議であったりしたものである。そういう時に元老たちは相互に時間を打ち合わせているのか、いつの間にか宮殿に集まっていて、会議を開いた。だから元老会議に新聞記者が詰めかけるということもちろんなかった。当時世間では、山縣元帥、杉孫七郎《まごしちろう》子爵※、松方正義侯爵、西園寺公望《きんもち》公爵、井上馨《かおる》侯爵※の五人を五元老と呼んでいた。

ある時、それは大正元年十一月某日のこと、やはり不意に宮殿の牡丹《ぼたん》の間の接待を命ぜられた。

当時は、西園寺内閣が総辞職するかどうかという時で、政界にはあわただしい雲行きが見受けられた。そういう政情であったので、私は牡丹の間の接待は、恐らく何か重大な会議の接待であるに違いないと思った。そして、それは予想にたがわなかった。

この会議に参加したのは前に述べた五元老の外に、宮内大臣の渡辺千秋※、それに桂侯であった。桂侯は当時内大臣であった。私は、内大臣が元老会議に出席していることに、奇異なものを感じたことを覚えている。

杉孫七郎子爵
杉孫七郎。長州藩出身。宮内大輔、侍補、皇太后宮大夫などを歴任。

井上馨侯爵
長州藩出身。外務卿、参議などを歴任。

渡辺千秋
諏訪高島藩出身。伯爵。

会議は牡丹の間の隣の竹の間で行われた。その会議の中休みに、私はこの会議に陛下から賜った茶菓の接待に出た。

部屋に入ると、まず最初に感じたのは、一種説明のつかない雰囲気である。お互いが何か話し合っているのを見ても、表面はいかにも親密そうに笑いながら話しているように見えたが、それをそのままに受け取れない何物かがあったのである。何かしら妙に白々しいのである。山縣元帥は瞑想《めいそう》するように首を落としてひとりでちびりちびり葡萄酒《ぶどうしゅ》を飲んでいた。そして桂侯は皆と離れるようにして、椅子にもたれかかり、黙っていた。上品な顔がひどく曇《くも》って、ときどき膝を掌《てのひら》で小刻みに叩いたりしていた。私は皆の前に一つずつコーヒー茶碗を配って回ったが、その時、たしか松方侯のところへ来た時だったと記憶しているが、

「いや、われわれがこういう会議を開いていることを知れば、世間はさぞ騒ぐことでしょうなあ！」

という松方侯の声が耳に入った。すると、その横にいた渡辺宮内大臣が、すぐ、

「なあに、たとえ知れましても、新聞社などには鉱泉《こうせん》さえ飲ましておけば、何事もありませんよ！」

と軽くあしらうように言った。鉱泉とは口銭のことで、つまり買収することなのであるが、当時の新聞社というものがその一語でよくうかがえるわけである。しかしこうした二人の話も冗談めかしてはいたが、一方腹の底に何か別なことを考えているようなふしがうかがわれ、座はとかく沈み勝ちであった。

私は何か重い空気にでも圧《おさ》えつけられるような不安な気持ちを懐《いだ》きながらその場を下がった。

その日からしばらくして、西園寺内閣が総辞職し、新たに桂内閣が成立した。桂首相は内大臣から総理になったわけであるが、このため、宮中と府中の別を混同するものとして社会の非難が起こり、やがて憲政擁護運動に発展し、桂内閣の命取りとなったが、こういういきさつから考えてみると、あの時の元老会議でもこのことが問題にされ、あんな白けた雰囲気になっていたものかもしれない。

この会議に出席した元老たちも、その後相次いで亡くなり、最後に西園寺公一人になった。その時の皇室が西園寺公にとられた待遇は皇族以上であった。西園寺公が参内されるとなると、宮中は大騒ぎで、テーブルのセットまでも新しいものと取り替えられたほどである。

――山縣有朋元帥

大正になってから、山縣有朋元帥の力が宮中府中に強い根を張ったのは事実であったが、私たち仕人から見た山縣元帥には、またおのずから別のものがある。元帥はいつも通常軍服を着ていた。外套《がいとう》を着ている時には、必ずその特別に広い外套の襟を立てまるで顔をかくすように帽子を眼深にかぶり、両手はぶざまに外套のポケットにつっこんだまま長い軍刀を引きずるようにして歩く人であった。これは宮中でも同じで、うつむきながらほの暗い宮中の廊下を独り歩いてゆくその様子には、どこか孤独な感じがあった。

ある時、私が表御座所の廊下で検番に立っていると、山縣元帥が拝謁を終わって出てきた。するとちょうどそこへ北白川宮殿下が、たしか大尉か少佐の軍服であったと思うが、やはり陛下に拝謁されるためにおいでになった。そして元帥を見かけると、すぐ廊下の隅によけられて、直立して敬礼された。元帥はしかしうつむいたままで、殿下の方に顔を向けると、ジロリと鋭い一瞥《いちべつ》を与えただけで、そのまま通り過ぎて行った。

　こんなことは実際珍しいことであった。なぜなら北白川宮は明治陛下の娘婿であって、いかに軍律であるとはいえ、宮中においては殿下を殊更上にたてなくとも相応に遇するのが普通と思われていたからである。私はしかしその時にも、老齢になってどこかたどたどしく歩いてゆく元帥の姿に、他人を圧しつぶすようにしてまっしぐらに軍国主義の中心を走り、功成《こうな》り名《な》をとげて、ついに権力を持ったものの、何とも言いようのない孤独を感じたものであった。

　山縣元帥は明治陛下にはあまり信任されていなかったように思われる。信任という言葉には語弊があるが、あまり御好感をもたれていなかったのは事実のように思われる。それは、伊藤公が朝鮮統監になって枢密院議長の席を去った時、そのあとがまに山縣元帥が座ったのであるが、私の記憶では、それまでは欠かさず臨御になっていた毎週行われる枢密院の定例会議に、明治陛下はあまりお出ましにならなくなった。もっともたいして御下問になるようなこともなかったのであろうが、それにしては伊藤公が朝鮮から帰ってきて、元帥にかわって再び枢府の議長になると、また欠かさず臨御されるようになったのは、どう解釈すべきであろうか。

陛下が元帥を好かれなかったのには、こういうこともあるのではないかと思う。つまり、維新の三傑といわれた西郷隆盛、木戸孝允、大久保利通が早く世を去った後、山縣有朋元帥が大きく陛下に近づいたわけであるが、あのいかにも悧巧《りこう》ぶった顔つきを陛下は決して快《こころよ》くはお思いにならなかったであろう。明治陛下は最後まで古い黒の肋骨の軍服を着通されたが、このことだけでも、陛下と山縣元帥は人間として異質のものであったと私には思われるのである。

たしかに元帥は、誰にも好かれなかったようである。人を威嚇するような態度をよく出すのがその主な原因であったかもしれない。ことに私たちのように、全く無視されていたようなものには、そう思われるのである。

元帥はまたよく葡萄酒を飲んだ。しかしそれが、普通の酒飲みにはよくある、自分も飲んで人にも飲まして喜ぶというのではなく、独り酒を飲むといった風で、冗談一つ言わなかった。

君が代を知らぬ一木宮内大臣

今ならば問題になるほどのことでもなかったであろうが、当時ではなかなか大問題であった。

昭和七、八年頃のことだったと思う。当時の宮内大臣は一木喜徳郎《いちききとくろう》※氏で、この人は波多野敬直《よしなお》氏の後に、もう一人誰だったか忘れたが、その人に次いで宮内省の改革を行った。その時分のことであるが、一木宮内大臣が、大正時代からお仕えしている侍従を休職させてしまう、という噂が出た。これを聞いて侍従たちが色を失ったのはもちろんであるが、中でも大松侍従は不満やるかたなく、ついに、一木氏の〝極秘問題〟を持ち出してしまった。大松侍従はかねて取っておいた証拠の書類を宮内大臣につきつけたのである。

これを見て驚いたのは宮内大臣だ。おりから那須の御用邸に陛下の御機嫌奉伺に出かけるところであったが、直ちに省議を開いて善後策を講じた。このため予定の汽車には間にあわず、ついに那須行きを中止したほどである。その結果は、

一木喜徳郎
帝国大学法科大学教授、法制局長官、文部大臣、内務大臣などを歴任。

関屋宮内次官が大松侍従を説得することになった。というのは大松氏は次官の推薦で侍従になった、といういきさつがあったからである。この大松侍従は、昭和になってから掌典に転任し、事件の頃はすでに侍従ではなかったが、私は大松侍従と呼びなれているので、ここでもそう呼んでおく。そこで次官は、大松侍従に対して、

「君がこの問題をまるく収めてさえくれるなら、君には妻子もあることだし、生活の面倒は必ず見るつもりだ。結局は長いものには巻かれた方が得策だと思うが、よく考えてみてくれ。」

と口説いたのだそうである。そして同時に証拠の書類を渡すことを要求した。そこまで言われたので、大松侍従はここいらで妥協した方が得策だと考えたのか、そのことを承認した。人間、なかなか自分の生活は忘れられぬものと見える。それにしても証拠の書類は大事なものであるし、仕人たちも連判していることであるし、取られっ放しでは困る。これはどうしたものだろうと、その時私に相談があった。私は、誰か適当な人を中に立てた方がよくはないか、とすすめた。そこで大松侍従もその気になり、当時の掌典長であった九条公が皇室とも関係が深い

ので、その人にお願いしたのだそうであるが、九条公には断わられ、次に入江皇太后宮大夫※に頼んだ。

「大変なことがあったものですなあ！」

入江大夫はその証拠の書類を見ると、そう驚いて言ったということであるが、入江大夫は心よく承知してその仲介に立った。そこでこの問題は外部に少しももれることなしに結末がついたのである。その後大松掌典は内務省神社局管下の宮司になって行き、現在は鎌倉で神官をつとめているということである。

さてその証拠書類なるものであるが、これは話がずっとさかのぼる。大正天皇が崩御になって、今の陛下が青山の東宮御所から皇居へお移りになることになった時のことである。その前に皇太后陛下がまず皇居をお出になって青山へお移りになった。それとともに皇居は清掃されて、歴代の天皇が御譲り受けになる宝物がすべて陳列され、それを高等女官がお護りすることになった。陛下は御移転の前に一度皇居においでになって下検分をされたが、その際大正天皇崩御の間に向かって黙礼されたと聞いている。

ところでその数日前のことである。やはり一木宮内大臣が高等官数名を連れて

※**入江皇太后宮大夫**　入江為守。東宮侍従長や侍従長を歴任。子爵。

下検分にやってきた。その時それらの人たちが外套も脱がずに土足のままで各部屋を見て回ったあげく、その中の一人が陛下の御居間の裏になっている剣爾の間に土足で入ったので、それを見ていた仕人たちが激昂した、というのは、剣爾の間というのは、陛下の御印である剣爾が置いてあるところで、もっとも神聖な部屋とされていたからであった。また陛下御自身もこのお部屋へ入られる時には、靴を脱いでスリッパにはき替えられた程であったから、当時にあっては仕人たちが怒るのも無理からぬことであった。そこで仕人たちは大正時代の侍従で昭和になってから掌典に転任してきた大松氏にこのことを話したのである。大松氏はそれを逐一タイプに打ち、仕人の連判をとって、証拠として保管していたのであった。しかし、その連判状が後に大松掌典の生活の糧になろうなどとは、誰も予想しなかったであろう。

一木宮内大臣は細面のチョビ髭を生やした眼の鋭い人であった。背丈はかなり高い方で、態度は謹直にみえた。陛下が行幸の時に、御汽車の中で、この人が陛下の前に座ると膝も崩さない、ということを聞いたことがあったが、宮内大臣でありながら宮中のことはあまり知らないということであった。根が法律家であるから、学者らしい無頓着さがあったのであろうが、それだけ宮中では評判が悪かった。御歌会の時に、一般のものは詠進歌《えいしんか》※には自分の家筋を書いて、それから名前を書くのであるが、この人はただ一木喜徳郎とだけ書いて出したので、そのことが問題になったりしたこともある。

ある夜、私は国士舘の館長をしていた柴田徳次郎※氏に遇った。その時柴田氏は何やらひどく興奮していたように見えたが、やがて、

「なるほど、わかった、古火箸か！」

とひとりうなずいて漸《ようや》く得心したように興奮も醒めていったが、私にはわけがわからぬから、何かあったのかと訊くと、氏は次のような話をした。

その日、文部省で中等学校の校長会議があったが、その席には一木宮内大臣、徳富蘇峰《とくとみそほう》※なども列席した。やがて会議が終わってから、一同「君が代」を唱うことになったが、どういうわけか一木宮内大臣が立とうとしない。これを見て柴田氏が、どうして唱わないのかと訊くと、知らないから唱わないのだと素気なく答えたので、文部大臣をしたことのある閣下が「君が代」を知らないはずはないだろうと言うと、ほんとに知らないのだからという答えなので、この国粋主義に

詠進歌
宮中や神社などに奉る歌のこと。

柴田徳次郎
国士舘創設者。保守教育者。

徳富蘇峰
ジャーナリスト・思想家・歴史家。

こりかたまっている柴田氏は大いに憤慨した。ところがその時相川秘書官が、先生は法学者であるし、先生の頃には「君が代」はなかったからと中に入って弁解したので、いよいよ柴田氏はかっとなり、あわや鉄拳沙汰になろうとしたところを、そばから徳富蘇峰氏がなだめて、

「君、一木君は古火箸だよ、つまらんよ、ほっときたまえ！」

と言ったので、柴田氏もようやく振り上げた腕を下ろしたのだと言う。が、さて興奮しているので古火箸という意味がわからない、そのまま帰ってきたところを私とぶつかったのであった。

「いや、なるほど古火箸だよ。真っ直ぐだが、サビていて役に立たんのだ。」

と、謎の解けた柴田氏は大いに愉快がったが、しかし宮内大臣ともあろうものが、「君が代」を知らぬはずがないと、私にはどうにも変に思われる。だが、これは柴田氏から直接聞いた話なのだ。あるいは柴田氏に対して一木氏が揶揄《やゆ》したものだったかもしれない。

――難波大助事件――かくれた悲劇――

鹿児島の藩士の出身である児玉という古参の仕人の推薦で入ってきた仕人に、熊本という青年がいた。彼は児玉と同じ鹿児島の出身で、色の浅黒い丸顔の男であったが、鹿児島人には似合わず、気性の温和《おとな》しい素直な男であった。仕事にも熱心でこまめによく働いていた。その頃（大正二年）宮内省に初めて自動車部というのができたが、仕人の中からも運転手をつのることになり、私にも相談があったので、その熊本をあっせんしたのであった。爾来《じらい》熊本は次第に運転手としての技量をみがき、ついに技手になって、天皇陛下の鹵簿《ろぼ》※に加わって運転する資格を得るまでになった。

大正十二年九月一日、あの関東大震災が起こって、帝都は潰滅にひんしてしまったが、その復興の重任を背負って成立したのが、強力陣容を誇った山本権兵衛内閣であった。その後着々と復興の歩を進め、その年の十二月には、例年通り議会が開かれることになった。当時摂政宮殿下であられた今上陛下も、いつもの

鹵簿
天皇の車列。

ようにその議会の開院式に臨まれたのであるが、この時は自動車の鹵簿《ろぼ》であった。赤坂御所を出られた鹵簿は、日比谷の議事堂に向かう途中、虎の門を御通過になったが、その時群衆にまじっていた難波大助※が、殿下の自動車の前に飛び出して、やにわにかくしていたステッキ銃を構えて、殿下のお車に発砲したのである。その銃声で鹵簿の編成はたちまち乱れてしまったが、その混乱を後に、殿下のお召しになっていた自動車だけは、フルスピードで走りぬけると、静かに貴族院の表玄関に横付けになった。殿下は自動車をお出ましになり、重臣たちの出迎えを受けられて、普段と少しも変わりのない御態度で便殿にお入りになった。そして、そのまま議場に臨御されたのである。

ところで、迂闊《うかつ》な話であるが、殿下の御態度があまりにも御平常通りであったために、鹵簿の乱れていることに気のついたものが一人もなかった。従って、議場ではまだ事件の起こったことを誰も知らず、開院式は例の通り行われたのである。開院式の終わった後で、殿下が御陪乗の入江東宮侍従長の負傷の様子を御下問になり、皆は初めて事件を知ったということで、このために山本総理大臣は、直ちに辞表を提出したのであった。

難波大助
山口県出身。共産主義者。

ところで、この日の運転手は熊本技手であった。当時私たちは、事件発生の現場を無事通り抜け、議場にお送りしたこの熊本には、恐らく相当の恩賞があるものと考えていたのであったが、どういう理由か、その後何の御沙汰もなかった。だから、実に不思議なことだと思っていたのであるが、しばらくしてその理由が判然した。——熊本が殿下を安全に議場にお送りしたのはよいが、許可なく鹵簿を乱したのはよろしくない、賞罰相殺である、という当局の意見だったのである。

これはしかし、何とも妙な解釈の仕方で、現場の混乱にまきこまれ、殿下の自動車の後を追うことができなかった高官たちが、自分たちの失態をかくすためにとった不当の処置と思わないわけにはゆかなかった。

その後の熊本は、人が変わったように陰鬱になった。あの福々とした丸顔が奇妙に歪んで、次第に痩せてゆき、やがて強度の神経衰弱にかかって、夜もろくろく眠れぬのか、しきりと寝言を言うようになった。ついには、あの温和な色をたたえた彼の眼が、支那《しな》産の出目金魚のように飛び出して、何とも言えない可怪《おか》しな顔になり、三、四年して、とうとう死亡してしまったのである。

大森皇后宮大夫と蜂須賀侯

私は徳大寺公が内大臣の時、その官邸の付属官舎に住んでおり、公が内大臣を辞められて千駄ケ谷に移転されてからも、やはりそのお供をして、千駄ケ谷の邸内にお世話になっていた。

その頃京都の大森知事が皇后宮大夫に任官して、官邸に入ることになったが、その時私にその付属邸に住まないかという話があった。そこで、そのことを徳大寺公に相談したのであるが、すると公は、

「ほう大森が大夫になったのか！　惜しい人物が大正になってから入ってきたものだね。」

と言われたので、その理由を訊くと、

「私も直接には知らないのだが、なかなかしっかりした人物だそうだよ。どうせ入るなら、私のいる時に入ってくれればよかったのになあ！」

と、次のような話をされた。

ある時、皇太子殿下（大正天皇）が丹後の宮津に行啓になったことがあった。その時大森京都府知事が御先導申し上げたのであるが、前にも述べたように、皇太子殿下は非常にお御足がお速い。ところで大森知事はでっぷりと肥満していて、いかにも足の運びが遅いのである。だから、ともすれば皇太子殿下に追い立てられるような形になる。そうこうしているうちに、大森知事はやりきれなくなり、郡長に御先導を命じて、入れ替わってしまった。それを殿下が御覧になって、

「大森、疲れたのか？」

と笑っておっしゃったところ、

「いえいえ……」

と、神妙な顔つきながら、いかにも平然とお答えした。

「決して疲れは致しませんが、たまたまの殿下の行啓に、知事の私一人が御先導申し上げては、いかにも光栄に堪えません。そこで、郡長には御先導の資格がございますから、この光栄を郡長にも分けてやったのでございます。」

当時こんなことを殿下の前でいってのけるには、よほど肚《はら》が据わっていなければならなかった。従ってこの噂はたちまち拡がり、徳大寺公の耳にまで入ってい

たのである。

徳大寺公は私の官邸移転に賛成された。そこで私は徳大寺邸を引越して、大森皇后宮大夫の官邸へ移ったのであるが、直接この人に接してみると、いかにもさばけた人物で、少しも上下のへだてを置かなかった。前にも述べたように赤ら顔のよく肥った堂々たる恰幅の人物であった。

この人のところにいた間のことであるが、ある夏のこと、浴衣の着流しで官邸へ出入りしているところを、皇后宮職の属官に見つけられてしまった。そしてその翌日、

「官邸に浴衣で出入りするとはもっての外だ。今後は気をつけるように……」

と注意されたのである。そこで二、三日してから大夫に呼ばれた時にわざわざ服を改めてゆくと、

「今日はどうかしたのか?」と聞かれた。

私が前日の話をすると、

「馬鹿な!」

と、大夫は、普段から赤い顔を一層赤くしてこう言った。

「官邸というのはそんなに窮屈なところなのかね？　ここには君、八百屋もくれば、下肥屋《しもごえや》も入ってくるんだ。それが出入りの度に服を改めなければならぬと言うんじゃやりきれたものじゃないよ。馬鹿らしいじゃないか！　君が自宅で浴衣に着替えてくつろいでいる時に、一寸呼《ちょっと》ばれて官邸へ行くというのに、一々身仕度を調えなければならないなんて、そんな窮屈なことで人間らしい生活ができるものか！　それは君、人間は誰だって、糞も垂れれば小便もするものだ、ということを忘れているやつの言うことだよ。」

大夫は、腹から慨歎《がいたん》したらしい口調だった。

その後、大森大夫の皇后宮大夫就任満一年に陛下から一日お暇を賜って、玉川で鮎漁を催したことがあった。その時大夫は、私に、浴衣がけで尻をはしょり、その上手拭《てぬぐい》を腰に下げて陽よけの大きな麦藁帽《むぎわらぼう》をかぶってゆくように命じた。

私がその通りにして大夫に従って行ってみると、当時事務官であった蜂須賀侯や三室戸子爵その他の皇后宮職の属官たちが皆揃って大夫を待ち受けていた。彼らは大夫に挨拶をした後で、

「うーむ！」

と私のいで立ちを見ながらうなった。

「なるほど、こりゃ大森さんに仇を取られてしまったな！」

それから大笑いになったが、その時の彼らの服装は、鮎漁だというのに、勿体ぶった窮屈な服装をしていたので、道化にされた私の方が、却って彼らに皮肉の釘を一本打ったことになったのである。

その時は、帰りがけに、皇后陛下から鮎の干物の御下命があったので、ある料理屋に立ち寄ったのであるが、一行が入ってくるのを見たそこの娘は、出迎えもそこそこに慌てて奥に引き返すと、廊下から部屋までの間に座布団を敷きつめて、それから初めてどうぞお部屋にお通り下さいと言ったものである。一行はやがて部屋に通ったが、その時、大森大夫の眼に、湯殿の流しから湯舟にいたるまで、すっかり白布でおおわれているのが映った。そこで大夫が不思議に思って訊いたところが、この料理屋の娘は以前蜂須賀侯爵邸の奥女中を勤めたことがあったので、それ殿様のお成りだというわけで、慌てて湯殿を清めたのだということだった。これだけでも、当時の大名華族の生活振りをうかがうに足るものがあるが、この蜂須賀侯は実は非常に平民的な人物で、私たちの面倒もよく見てくれた人である。そのくせ、どういうものか、儀礼張ったことには妙に厳格であった。ある時、たしか鴨猟の時だったと思うが、私が煙草をくわえたままで、蜂須賀侯の外套を着せたところ、

「その恰好は何だ！」

と叱られたことがあった。

この人は色の白いなかなかの好男子で、早くから夫人を亡くしたにもかかわらず、子供のためを考えて、ついに鰥《やもお》を押し通してしまったほどの人情家であった。また、宴会の時に芸者などが寄ってゆくと、直《す》ぐ逃げ出してしまうほどの堅人でもあったが、この人の息子というのは、逆に非常な放蕩者《ほうとうもの》で、妾狂《めかけ》いのあげく、ついに華族の礼遇を停止されてしまったほどだった。明治の蜂須賀侯は前にも書いたように、天盃を懐にするほどの豪傑であったが、その次は華族にはまれに見る石部金吉、第三世がまたまれに見る放蕩者というわけで、まことに人生は皮肉なものである。

剣璽案哀話《けんじのあんわ》

御常御殿の陛下の御寝所の奥には、剣璽《けんじ》の間がある。剣璽というのは、御剣と御璽を指すのであるが、その剣璽が陛下の御寝所の奥に、置かれているところに、この剣璽の性格があるわけである。剣璽についての学問的なことはもちろん専門家に譲らなければならないが、剣璽が天皇の御しるしであり、昔から代々の天皇に引きつがれてきたものだということだけでも、この剣璽がどういうものであるかは想像がつくであろう。——天皇あるところ剣璽ありといっても決して誇張ではないので、新嘗祭の夜、陛下が賢所にゆかれる時にも侍従が剣璽を捧げもって陛下の御後に従うし、また、御即位の大礼には陛下の左右に、侍従が御剣と御璽を捧持して立つのである。陛下が行幸になる時にも、もちろん剣璽を奉じてゆく。

大正天皇がおかくれになったのは葉山の御用邸であった。崩御されると直ちに御用邸で新帝の御即位式がとり行われた。天皇は一分たりとも空位であってはならないからである。

ところが、いざその儀式がはじまるという時になって、どうしたものか剣璽案《けんじのあん》が見つからない。剣璽案というのは剣璽を置く台のことであるが、それがなければ儀式を行うことができない。しかも儀式は一分の猶予《ゆうよ》をも許されないのである。当時葉山の御用邸に仕えていた殿部の松岡という男が、そういう御用邸の諸道具の管理をやっていたのであったが、彼は責任を感じ、カミソリでもって頸動脈を切って自殺を図った。が、しかしその直後に剣璽案が発見されたので、御即位の式はとどこおりなく行われたのであった。

松岡殿部の自殺は幸いに急所をはずれていたので、死には至らなかった。彼はその後も相変わらず、御用邸の殿部として老年になるまで仕えていた。彼は水戸藩の出身で、真面目なおとなしい男であった。仕人として宮内省に通っていた時にも、非常な勉強家で、かたわら日本大学に通ったりして努力を惜しまなかった。彼は御用邸に転出した時に殿部に昇任したのであるが、家庭も細君と子供二人の比較的めぐまれた落ち着いた生活をしていた。彼の自殺事件は、そういう、彼にとってはめぐまれた環境の中で行われたのである。

――秩父宮に叱られた西園寺八郎氏

ある日、昭和のいつ頃だったろうか、同僚の一人がいかにも真剣な顔つきで私に話しかけたことがあった。

「ありゃ恐らく辞職もんだね！」

「何が？　……」

私は驚いて、相手の真剣な顔を見なおした。

「いや、俺も驚いたんだ！」

同僚はこういうと、今度はいやに落ち着き払って、なかなか話そうとしない。

「何を驚いたんだい！」

私はそろそろじれてきた。

「いやね……」

私がだんだんじれてくるのをうかがって、相手はようやく次のような話をした。

その日、この仕人は陛下の御運動のお供を命ぜられたのであるが、陛下は主馬頭の西園寺八郎※氏を相手に、御常御殿の前の芝生でゴルフを遊ばされたのだそうである。この仕人の仕事は、ゴルフのたまを拾うことだった。やがて陛下はゴルフにお疲れになったとみえて、芝生の上にクラブをついてしばらく立っておいでになった。西園寺八郎氏も疲れたのか、お側へゆくと何気なく芝生の上へごろりと横になって、肱《ひじ》をつきながら陛下を見上げて何か話しかけ、陛下もまたそれにお答えになっておいでになる御様子であった。この仕人は、その有様を遠く離れて見ていたのであったが、もうすっかり魂消《たまげ》てしまった。いうまでもなく、陛下の御前で、そのようなぶざまな恰好をする人間がこの世にいようなどとは考えたこともなかったからである。ところが現に、眼の前にそういう人間がいたのだからびっくりせざるを得ない。

するとそこへひょっこり秩父宮殿下が出ておいでになった。恐らく当時は大尉ぐらいでおありになったと思う。殿下はこの西園寺八郎氏の恰好を御覧になるとツカツカと近寄って行かれるなり、

「西園寺！　たとえ御運動中とはいえ、陛下の御前でそのざまは何だ、立て！」

とお叱りになった。言葉は違っていたであろうが、とにかくそういう意味のこ

西園寺八郎
旧長州藩主・毛利元徳の八男。西園寺公望の養子となる。式部次長などを歴任。

とをおっしゃったのである。この仕人はその時、西園寺八郎氏が直ちに飛び起きてお詫びするだろうと期待していたのであるが、八郎氏は案に相違して、渋々立ち上がると、別に何とも言わずに、そっぽをむいていたという。

そういうわけで、私の同僚は、これは恐らく、西園寺八郎氏の辞職問題だろうというのであった。

しかし、このことでは何事も起こらなかった。

以上の話は、西園寺八郎氏を問題にするよりも、陛下の御態度の方によほど意味があるだろう。陛下を神様にまつり上げつつあった当時でさえ、陛下はこういう御態度だったのである。しかし、一方西園寺八郎氏は、われわれの仲間では「高等ごろつき」といっていた。どうしてこんな香ばしからぬニックネームをつけられたかというと、この人は実に手の早い人で、御大礼の予行をやっている時など、そばで何もせずに見ているものがあると、飛んで行って、何しているのだ！　と突き飛ばすようなことがよくあったからである。

この人は毛利家から西園寺家に養子にいった人であったが、宮内省に入ってからは、式部官、式部次長と進み、主馬頭になって辞めた。なにしろ長州系であり、養父が元老であったから、すこぶる鼻息が荒かった。自分自身も我がままのできるのは養父の生きているうちで、養父が亡くなればもう我がままもできなくなるということを心得てやっているので、実際始末が悪かった。

この人と関屋宮内次官とが、仲の悪かったのは有名な話であるが、階級からいえば自分の上役であるこの次官に向かって、いつだったか、たしかやはり大礼の練習中であったと思うが、「そこをどけ！」と大声で怒鳴りつけたのを覚えている。とにかく気の短い手の早い人であった。背はあまり高くなかったが、でっぷりとよく肥った丸顔の男で、非常に剣道が好きだった。当時警備の内舎人には剣道のよくできるものを集めていたものである。

この八郎氏は、こと皇太子殿下（今上天皇）のことになると夢中であった。式部次長でいた時もそうであったが、主馬頭になってからも、宮内省よりも東宮御所に行っている時間の方が多かったくらいだ。大正十年三月、皇太子殿下の欧州御巡遊《じゅんゆう》の時にも、この人は側近の一人としてお供をしたが、周知のように、殿下の欧州御巡遊には世間でも相当反対があって、当時の原敬総理大臣もいろいろ苦慮したようである。西園寺八郎氏が右翼団体につけねらわれて負傷したことは、当時の新聞にも出たから、よく知られていることである。

宮内省の変遷

新しい近代国家として発足した明治に、もっとも古いしきたりの残ったのは、いうまでもなく宮廷である。ことの善悪はさしおいて、私の見た宮中もたしかにそうであった。だから人事についても、明治陛下は側近のものに対しては一生面倒を見てやるのだ、という御気持ちが強かったようで、これは、京都から明治陛下のお供をしてきた内舎人《うどねり》に至るまでそうだった。そのため、女官や侍従職や皇后宮職のものは、すべて一生奉公をするのだという気持ちでお仕えしたものである。

ところが大正になると、その考え方がすっかり変わった。そして、宮内省内部の改革が行われると同時に、老朽陶汰が行われて、明治から何十年もお仕えした人たちが皆くびになったのである。それとともに、側近者はもちろん、省内の人たちの考え方もようやく変わってきた。それについては後に述べるとして、まず宮内省の官制から述べてみよう。

宮内省の官制

明治の宮内省官制は次のようであった。

大臣官房、(この中に、文書課、秘書課、庶務課、調査課がある)、式部職、内匠《たくみ》寮《りょう》、内蔵《くら》寮《りょう》、内苑寮《ないえんりょう》、図書寮、諸陵寮《しょりょうりょう》、主馬寮、調度寮、主殿寮、宗秩寮《そうちつりょう》、主猟寮、帝室審査局、内匠寮帝室林野管理局、帝室博物館、同動物園。その他側近として、侍従職、皇后宮職、侍医寮、侍従武官府、内大臣府、大膳寮、御歌所。

この官制は大正の中頃までつづいたが、課局の廃合があって縮少され、さらに昭和になってから大いに減員された。まず皇宮警察が主殿寮に、自動車部が主馬寮に、大正中期からは主殿寮が内匠寮に、文書課は式部職に、主猟寮は式部職に、それぞれ併合されてしまった。(主殿寮は後に昭和になって再び内匠寮から分離した)。大膳寮は式部職に併合されたが、これは今日では大臣官房に直属している。

この宮内省改革の立役者は、第一が波多野敬直宮内大臣、次いで一木喜徳郎宮内大臣であった。

この改革で京都からお供をしてきて、四十年、五十年と仕えていた人たちが皆くびになった。侍従もそれまでは堂上華族《どうじょうかぞく》から入ったものが多かったが、それも漸次《ぜんじ》少なくなり、大学出の秀才が採用されるようになった。同時に、それまで内大臣府と宮内省がはっきり分かれていたのが、次第に混同されるようになって、侍従でも宮内書記官を兼ねたりした。こうなると、仕事に対する観念も変わって、一生奉公気質からサラリーマン根性に一変してしまった。

側近ということ

こうした改革でもっとも影響を受けたのは、従来側近とされていた、内大臣府、侍従職、皇后宮職、大膳寮、侍医寮、御歌所、女官等であるが、この「側近」ということは世間ではなかなかわかりにくいようで、しばしば、宮内省の官吏でさえあれば、すぐ側近者であるかのように間違えるのであるが、要するに、直接陛下に接するものたちのことをいうのである。だから上にいった以外、宮内省の各部局のものは側近とは言わないのである。この側近の事務所は、宮内省とつながってはいるが、別の建物の中にあって、宮殿ならびに御常御殿に直接つづいている建物の中にあった。この建物は準宮殿になっていて、ここの廊下などでは、帽子をかぶったままで歩くことさえ禁じられていたほどである。

宮内省の改革とともに、女官の奉公観念も変わり、判任女官の中などには、恩給がとれるようになると辞めてしまうものが出て来るようになった。高等女官も、家柄はやはり尊重されたが、学校出があがるようになり、お茶汲《く》みとして入ってくるものはなくなった。

仕人も戸籍にさえ支障がなければ、誰でも自由になれることになった。

解説

河西秀哉

本書の概要

本書は、明治・大正・昭和の時期に仕人として宮内省に勤務した小川金男が、宮中で見聞きした体験を活字化してまとめたものである。仕人とは宮内省の様々な雑務に携わる下級職員であり、それだけ宮中の幅広い話題が本書では紹介されている。また、大臣などを含めて高級官吏では知り得ない情報も本書では記されている。戦前の宮中関係ではまさにこうした高級官吏を含む天皇側近の日記や回想などが数多く出版されているものの、そうした書籍とは異なる視点から宮中の様子を知ることができるという点で、本書は貴重な史料とも言える。

原本は日本出版協同株式会社より一九五一年に『宮廷』という名前で出版された。今回、『皇室の茶坊主』というタイトルにしたのは、小川本人が仕人の職務を江戸時代の徳川将軍に仕えた「茶坊主」と表現しているからである（三十九ページ）。彼が述べているように、仕人は近代において他の官庁には見られない特殊な存在であった。それは、天皇の私的な生活を支えつつ、しかし天皇は公的な立場であるがゆえの職務を担うという、天皇の「公」「私」という二つの性格をサポートするのが宮内省の役割だったことに起因する。そのなかでもとくに天皇の公私にわたる様々な職務・生活にかかわった仕人は、江戸時代の茶坊主のような役目を担っており、それにともない本書の記述も多種多様な話題が含まれている。それゆえ、本書では『皇室の茶坊主』というタイトルにした。

原本の出版時期について

本書の原本『宮廷』が出版されたのは、一九五一年である。この時期に本書が出版された意味は大きかった（以下、河西秀哉『天皇制と民主主義の昭和史』人文書院〔二〇一八年〕を参照）。

一九四五年のアジア・太平洋戦争の敗戦は、天皇制にとって最大の危機であった。連合国では天皇制の廃止論、昭和天皇の戦争責任論など、天皇制にとっては厳しい議論が噴出していた。とはいえ、占領軍（ＧＨＱ）は天皇制を維持することを企図していた。その方が占領のコストがかからなくて済むからである。そのため、将来的にアメリカなどに反抗してこない形で、そして厳しい国際世論を納得させる形で、日本および天皇制を「民主化」する方向性を模索していく。

一方、日本側も敗戦を迎えたとしても天皇制の存続を第一として構想していた（「国体護持」）。それゆえ、昭和天皇への戦争責任追及から天皇制廃止論へと繋がっていくことを最も恐れていた。そこで様々な方策が採られていくが、その一つに、天皇の「人間」らしさ、家庭生活、人となりを積極的にアピールするような記事・文章が記者や側近・元側近などから発表されたことがあった。それによって、天皇は戦前から「平和主義者」であり開戦含めて戦争には熱心でなかったこと、国民のことを思って清貧ともいえる生活を送っていること、私たちと同じような「人間」であり、決して戦前いわれていたような神としての存在ではないこと、そして敗戦後に天皇制が「民主化」したことなどを印象づけることで、昭和天皇の戦争責任を回避しようとしたのである。敗戦後、大小様々な雑誌が相次いで発刊されたことも、こうした記事・文章が数多く生み出される要因となった。

しかし、天皇や宮中に関するたくさんの記事・文章が発表されれば、それだけ内容も玉石混淆となる。小川はそうした状況に対し、「私は静かに過去の記憶をたぐり寄せ、事実であると確信のつくもののみを選んで」本書を書いたという（四ページ）。それによって、天皇制の「民主化」の根拠や内実を示そうとしたのである。もちろん、小川の文章も後の回想であるゆえに記憶の混同など、間違いは存在する。その点は注意しながら読む必要はあるだろう。

大正天皇

本書には三人の天皇に関する話題が数多く紹介されているが、そのなかでも大正天皇に関するエピソードは興味深い。大正天皇は病弱で精神的な疾患があったともいわれるが、原武史『大正天皇』（朝日新聞社、二〇〇〇年）の刊行以降、その人物像を描く書籍が数多く出版された。代表的なものとして、古川隆久『大正天皇』（吉川弘文館、二〇〇七年）などが挙げられるが、それらの書籍によって、大正天皇の実像がよりリアルに復元されてきた。

小川によれば、大正天皇は「誰にでも気易く話しかけ」、乗り物を速く走らせて喜ぶ「無邪気な」ところがあったらしい（二〇二～二〇三ページ）。彼はそれを「王者の無邪気さや、それも、どこか神経の鋭敏さのみえるやり方」（二〇五ページ）と評価するのがおもしろい。小川は、天皇のそうした性格の背景に、君主としてのあり方を身に付けていたからだとするのである。女官であった坂東登女子の回想録『大正女官、宮中語り』（創元社、二〇二二年）でも、大正天皇の聡明さを強調する表現は数多く存在する。近年の研究でも、原前掲書などは大正天皇の漢詩を含む様々な素養を高く評価している。小川の記述からも、従来のような病弱で、どこか暗愚な君主というようなイメージもある大正天皇の、異なる実像が見えてくる。仕人は天皇の近くにいただけに、日常的な天皇の様子を知ることができた。もちろん、そういう人物だけに大正天皇に対して判官贔屓的に評価してしまう側面は否定できない。しかし、身近にいたからこそ、政治的な側面・公の面だけでの大正天皇評価とは異なる、新たな視点を本書の記述は与えてくれているように感じる。

さらに本書を読むと、病気を発症してからの大正天皇の状況がよくわかる記述がある。一九二〇年三月三十日に宮内省が大正天皇の「体調悪化」を初めて公表した。小川は、神経痛が次第に悪化し、「激痛のために脳症を起こされて、翌年から健忘症におかかりになった」とする（二〇九ページ）。一九二一年十月になると、天皇の病状は深刻で、事実上公務ができなくなっていると公表された。そして十一月二十五日、ヨーロッパ外遊を経て人々の期待感を一身に負うようになっていた皇太子の裕仁親王が正式に摂政に就任する。その後、大正天皇は静養することとなった。

この過程で世間に誤解が生じたと小川は述べる。いわゆる「遠眼鏡事件」と呼ばれる、国会開院式で勅語を書いた紙を丸めてのぞき込んだとする噂話も、彼は否定している。天皇の病状が悪化していくなかで、高官たちが私語をして頭を下げなかったこと（しかし貞明皇后のみ「静かに頭を下げて最敬礼をして」いたこと）なども記している（二一一ページ）。そこには、政治的に表舞台から去らざるを得なかった天皇の、どこか「孤独」な側面も見えてくる。

宮中に集まる人々

仕人は多種多様な仕事を扱うだけに、本書にも宮中の数多くの人々が登場する。

天皇や皇后、その他の皇族の人物像が語られるだけではなく、女官などを含めて、宮中において様々な仕事をしている人々の様子や生活が詳細に描かれている。もちろん、本書には山縣有朋や乃木希典のような著名な人物も登場しており、政治史研究では語られないような彼らの一側面についても描かれている。また、一般にはそれほど多くは知られていないものの、戦前の宮中を語る上では重要な人物も数多く登場している。

宮中に集まる人々を活写した本書によって、明治・大正・昭和戦前の宮中、天皇制、政治史はより多面的に研究することが可能になった。本書の復刊を起点にして、さらに多くのことが明らかにされるだろう。また当時の皇室の状況を知ることで、現在のあり方を考える手がかりにもなるのではないだろうか。様々な視点から本書が読まれることを期待したい。

小川金男（おがわ・かねお）（著）

父は岡山池田藩の家臣、小川家の養子。鉄道学校、九州鉄道を経て宮内省に入る。明治41年（1908年）から25年間、仕人《つこうど》として皇室内の雑務を務める。明治・大正・昭和の3代にわたり御内儀に奉職した。

河西秀哉（かわにし・ひでや）（監修）

名古屋大学大学院人文学研究科准教授。昭和52年（1977年）名古屋市生まれ。名古屋大学文学部卒業、同大学大学院文学研究科博士後期課程単位取得満期退学。博士（歴史学）。京都大学大学文書館助教、神戸女学院大学文学部准教授などを経る。主な著書に、『近代天皇制から象徴天皇制へ』（吉田書店）、『天皇制と民主主義の昭和史』、『平成の天皇と戦後日本』（いずれも人文書院）、監修に『大正女官、宮中語り』（創元社）など。

印　刷　東京印書館
校　正　円水社
装　画　伊野孝行
ＤＴＰ　一條麻耶子
ブックデザイン　原田恵都子（Harada+Harada）

皇室《こうしつ》の茶坊主《ちゃぼうず》
下級役人《かきゅうやくにん》がみた明治《めいじ》・大正《たいしょう》の「宮廷《きゅうてい》」

二〇二三年一〇月二〇日　第一版第一刷発行

著　者　小川金男
監修者　河西秀哉
発行者　矢部敬一
発行所　株式会社 創元社

〈本　社〉〒五四一-〇〇四七
大阪市中央区淡路町四-三-六
電話（〇六）六二三一-九〇一〇㈹
〈東京支店〉〒一〇一-〇〇五一
東京都千代田区神田神保町一-二　田辺ビル
電話（〇三）六八一一-〇六六二㈹
〈ホームページ〉https://www.sogensha.co.jp/

ISBN978-4-422-20169-6 C0023